把握
孩子成长期的
关键问题

蔡万刚 编著

中国纺织出版社有限公司

内 容 提 要

孩子在成长过程中会出现各种各样的烦恼，要么是学习上的压力，要么是各种生理、心理问题。针对这些问题，作为过来人的父母，要当好孩子成长的引路人，只有耐心陪伴和引导孩子，才能让孩子有足够的勇气和能力应对这些烦恼。

本书正是针对孩子成长期的关键问题教育而编写，囊括了健康安全问题、心理、学习、青春期叛逆问题等，并给出了具体的分析和指导，为家长们提供了可操作的解决方案，希望所有孩子都能健康成长。

图书在版编目（CIP）数据

把握孩子成长期的关键问题 / 蔡万刚编著.--北京：中国纺织出版社有限公司，2024.11
ISBN 978-7-5229-1551-7

Ⅰ.①把… Ⅱ.①蔡… Ⅲ.①家庭教育 Ⅳ.①G78

中国国家版本馆CIP数据核字（2024）第062320号

责任编辑：赵晓红　　责任校对：王蕙莹　　责任印制：储志伟

中国纺织出版社有限公司出版发行
地址：北京市朝阳区百子湾东里A407号楼　邮政编码：100124
销售电话：010—67004422　传真：010—87155801
http://www.c-textilep.com
中国纺织出版社天猫旗舰店
官方微博 http://weibo.com/2119887771
鸿博睿特（天津）印刷科技有限公司印刷　各地新华书店经销
2024年11月第1版第1次印刷
开本：710×1000　1/16　印张：12.5
字数：152千字　定价：49.80元

凡购本书，如有缺页、倒页、脱页，由本社图书营销中心调换

前言
PREFACE

我们都知道,家庭对孩子一生的成长是至关重要的,家庭是孩子的第一所学校,家长是孩子最重要的启蒙老师。每位家长都望子成龙,望女成凤,希望孩子能健康成长且成人成才。然而,在孩子成长的路上,总是伴随着这样、那样的问题,这些问题时刻牵动着我们父母的心,比如幼时孩子外出时的安全问题、饮食健康问题,孩子进入学校后的学习问题、与教师和其他学生的人际关系问题,再到青春期,孩子的叛逆、对抗父母的问题……

在面对这些问题时,因为人生阅历的缺乏、知识的不足,我们的孩子常常做出错误的判断和抉择,对此,很多家长一直沿袭传统的教育方式——打压式教育,并和孩子斗气,企图将孩子的错误行为和观念遏制住。实际上,这种方式多半是无效并且是适得其反的。因为如果我们总是运用严厉的方式教育孩子,或者苦口婆心地劝说,久而久之,孩子一定不会再"吃你这一套",只会对我们的管教感到厌烦。

我们不得不承认,现在不少孩子身上出现的毛病,诸如顶撞父母、撒谎、自私等,都是父母简单粗暴的教育方式带来的结果。如果我们不能摆正心态、心平气和地与孩子沟通、引导孩子,孩子势必也会气急败坏,最终,我们的教育目的不但没有达到,反而激化了亲子间的矛盾,孩子也不愿意与你沟通了。

其实,孩子在成长过程中,不仅有快乐,还有烦恼,他们不但要面临各种学习压力，还要面临来自社会的各种诱惑，也会出现各种心理问题。作为父母，如果我们不了解他们的成长困惑，不掌握一些打开孩子心门的方法的话，那么，我们便很容易陷入"孩子冲动叛逆，父母气急败坏"的教育困境。这些给父母的警示是：解决孩子成长期的关键问题，重在引导，而不是强制干涉。

家庭教育不是一门简单的学问，需要认真对待。家庭教育的关键在家长，家长的方法和态度直接决定了能否和孩子融洽相处，能否使孩子顺利、健康、快乐地成长。

如何把握好孩子成长期的关键问题，是我们编写本书的初衷。

本书将孩子成长期的问题分为九大板块，重点讲述孩子在成年前身体健康、生理、心理、性格培养、社会交往等方面存在的一些问题及应采取的策略，这些问题虽常见但很重要，对孩子的成长和发展影响很深远。

编著者

2023年10月

目录 CONTENTS

第 01 章　身体好才能学得好，孩子的身体健康问题不容忽视　001

身体成长期的孩子，需要足够的营养支持　002
睡好觉有助于孩子的智力发展　004
孩子总是挑食不爱吃饭怎么办　008
爱运动的孩子更有活力　010
不吃早餐，会影响孩子的身体发育和智力发育　013
要让年幼的孩子养成饭前便后洗手的习惯　016
孩子钟爱垃圾食品怎么办　018
节食减肥在孩子中为何成为一种时尚　021

第 02 章　生命安全永远第一位，从小培养孩子的自我保护意识　025

告诉孩子，生命安全永远是第一位的　026
如何预防孩子走失　029
告诫孩子要严格遵守交通规则　031
寓教于乐，在游戏中对孩子进行安全教育　033
告诉孩子如何摆脱陌生人的跟踪　035
让孩子学会保护自己的身体　038

如何避免孩子在体育运动中受伤	040
当孩子遭遇校园欺凌时，该怎么引导他保护自己	043
告诉孩子遇到危险情况要沉着冷静	045

第 03 章　正视心理健康问题，不给孩子的成长留下隐患　047

成长期孩子的心理健康问题不可忽视	048
如何判断孩子是否患有心理疾病	050
什么是儿童孤独症	053
有自闭倾向的孩子如何引导	055
发现孩子有抑郁症状该怎么办	058
如何帮助孩子摆脱自卑	061
内心孤独的孩子，更容易产生心理问题	063
一定不要忽略孩子的情感需求	066

第 04 章　令人头疼的学习问题，怎样才能让孩子爱上学习　069

厌学，需要先解决孩子的学习动机问题	070
孩子课后作业马虎敷衍怎么办	072
缺乏兴趣，孩子没有学习动力	074
孩子总是上课时违反课堂纪律怎么办	078
努力了成绩还是提升不上去，可能是方法问题	081
爱走神不是小事，别忽略孩子注意力的训练	084
孩子偏科如何纠正	087
孩子一到考试就焦虑怎么办	089

第 05 章　性格决定命运，孩子阳光般的性格要从小塑造　　093

孩子的性格形成于童年早期　　094
家庭环境对孩子的性格形成极为重要　　096
面对孩子的不良行为，要冷静处理　　099
引导孩子学会保持乐观的生活态度与情绪　　101
如何培养出性格豁达、心胸宽广的孩子　　104
孩子调皮好动如何引导　　107
从小培养孩子积极乐观的心态　　109
为什么孩子心里只有自己，没有别人　　112

第 06 章　孩子的成长需要友谊，父母应引导孩子理性与人交往　　115

为什么你的孩子人缘差　　116
鼓励孩子多为他人着想，培养其同理心　　119
如何引导孩子学会尊重他人　　121
从小培养孩子优雅的谈吐　　125
孩子骄傲自大该如何纠正　　127
孩子霸道自私怎么办　　130
孩子与人产生冲突该如何引导　　132
父母要理性引导青春期孩子与异性交往　　135

第 07 章　注重孩子综合能力的培养，别让孩子成为只会学习的"书呆子"　　139

学习能力很重要，但更要注重孩子的道德修养　　140

注重对孩子动手能力的培养 142

孩子的意志品质是家庭教育的重要方面 144

观察力是孩子智力发展的重要条件 148

多参加社会实践能培养细心、有眼力见的孩子 151

培养和强化孩子的应急应变能力 153

孩子的理财观念和能力要尽早培养 156

第08章 对"性"有了困惑怎么办？父母要做好孩子的生理课老师 161

青春期的身体变化，让孩子内心困惑 162

青春期孩子的"性"教育问题该如何展开 164

大方告诉孩子什么是性行为，解开其性困惑 167

开始渴望接近异性的身体 169

早恋不是洪水猛兽，父母应理智应对 171

第09章 我的心思你不懂：青春期孩子的叛逆问题如何解决 175

你了解孩子叛逆的心理原因吗 176

从前的乖孩子为什么现在总跟父母对着干 179

当孩子有了心事，我们要耐心倾听 181

叛逆期的孩子总是想学坏，怎么办 184

青春期的孩子总是顶嘴，请耐心引导 186

参考文献 190

第 01 章

身体好才能学得好，孩子的身体健康问题不容忽视

　　强健的体魄是孩子成长的基石，要想让孩子有个好身体，前提是让孩子有好的生活习惯。良好的生活习惯包括良好的运动习惯、饮食习惯、卫生习惯、睡眠习惯、与个人生活有关的行为习惯等。然而，生活中，不少孩子吃饭挑食、疏于锻炼、睡眠不足，这都需要我们家长从旁加以纠正和引导，具体如何引导，在接下来的章节中我们会给出具体方法。

身体成长期的孩子，需要足够的营养支持

生活中，我们每个人都需要吃饭，以维持正常的生理需要，这就是人们常说的"人是铁饭是钢""民以食为天"。我们的孩子也是，他们的身体正在不断成长，因此需要保证充足的营养，充足的营养能保证孩子脑部的发育，这是孩子有良好学习能力的前提。不过，我们所说的"吃得好"，并不是大鱼大肉，而是充足且均衡的营养，如果不加节制地饮食，就有可能危及到孩子的身心健康。

的确，就是有这样一些人，他们似乎无法控制自己，定期或不定期地暴饮暴食，甚至不加节制地大鱼大肉，最终造成体形肥胖，影响身体健康。

丹丹的妈妈是一位营养师，平时很注重家人的饮食健康。只要有时间，她都亲自下厨给丹丹做很多味道鲜美又营养丰富的饭菜。

通常来说，她为家人的一日三餐是这样安排的：

早餐要么是牛奶、鸡蛋，要么是在蒸蛋里加些蜂蜜，她说这样吃既营养又能帮助消化。中午的时候她会让女儿吃点水果，比如苹果、雪梨、香蕉等，因为这些水果可以补充人体所需的维生素和其他微量元素。晚餐会比较丰盛一些，通常会有清蒸鱼、紫菜汤、莲藕炖排骨等，这些食物都有补脑的功效。

丹丹的妈妈说，成长期的孩子还要多吃些清淡的食物，忌食辛辣、油炸食品。

的确，孩子需要充足的营养，但不必刻意追求高营养，但牛奶、鸡蛋、豆浆等富含蛋白质、钙质的食品是不可或缺的，尤其是晚上睡觉前喝牛奶有助于睡眠。

那么，具体来说，我们该让孩子在饮食上注意些什么呢？

1.一定要吃主食

主食摄入足够，才能转化为充足的葡萄糖，而葡萄糖是大脑活动的唯一能量来源，如果孩子不吃主食，就会出现脑袋发蒙等影响学习的状况。而糖主要来自碳水化合物，也就是粮食。

吃粮食要注意粗细搭配，应适当吃些玉米、小米、全麦，但不可用甜点代替主食，不可用糕点、甜食等代替主食增加热量，过多的糖会使人烦躁不安，情绪激动。

2.早餐必须要吃且要吃饱

对于学龄期的孩子来说，晚上经常要学习，有的还需要学习到很晚，经过一夜的体能消耗，各种代谢物在体内会有一些堆积；而上午的学习中大脑所需要的能量几乎全部来自早餐，不吃早餐，体内能量不足，不仅会影响水平的发挥，而且容易出现低血糖昏厥的现象。因此，吃好早餐可以给大脑提供充足的能量，对保持旺盛的精力和较好的学习状态非常重要。

早餐不仅要吃饱、而且要保证吃好。应多吃一些补脑的食物，如鱼类、豆制品、瘦肉、鸡蛋、牛奶及新鲜蔬菜、瓜果等，少吃肥肉、油炸食品等。早餐应该有主食，干稀搭配、主副食兼顾，比如粥和鸡蛋。

3.合理搭配，少荤多素

成长期的孩子不宜吃过多油腻的食物，因为高油食物会加重身体的负担，长期大鱼大肉甚至会影响健康，而新鲜的蔬菜清淡爽口。少荤多素，合理搭配，吃起来心情也会轻松。

4.讲究"色、香、味"俱全

健康的饮食要讲究"色、香、味"俱全，这样吃起来才会感觉是一种享受。

5.变化食物种类

人对于经常看到的东西都会出现视觉疲劳。同样，同一个菜连续吃两次以上，就会产生味觉疲劳，而本能地产生抗拒。因而，我们为孩子做饭菜时就要变换种类，以保证味觉的新鲜。这样，也能让孩子有个好心情。

6.多食用新鲜蔬菜水果

蔬菜水果中含有丰富的维生素C和膳食纤维，维生素C既可以促进铁在体内的吸收，更重要的一点，它还可以增加脑组织对氧的利用。另外，这类食物还可以帮助消化，增加食欲，尤其在炎热的夏天，本来食欲就不佳，加之孩子学习紧张，就更不想吃东西了。吃一点新鲜水果可以开胃。

7.可食用一些舒缓神经的食物

我们可以为孩子选择含钙高的牛奶、酸奶、虾皮、蛋黄等食物，这些食物有安定情绪的效果，能帮助孩子提升注意力。香蕉含有一种物质能帮助人脑产生5-羟色胺，促使人的心情变得安宁、快乐、愉快、舒畅。富含维生素C的食品，可以起到平衡心理压力的效果，柑橘和番茄是维生素C的最佳来源。每天饮用红茶，有利于舒缓神经。

掌握以上几点饮食原则，我们便可以为孩子准备营养又均衡的食物了。

睡好觉有助于孩子的智力发展

睡眠专家在研究中发现，充足的睡眠有助于提升表现力、专注力、记忆力、学习能力、情绪管理能力，以及身体素质和生活质量。缺乏睡眠可能导致孩子学习能力下降，产生破坏性行为，甚至导致肥胖、高血压、糖尿病等病症。因此，从某种程度上来说，孩子睡好觉也能长智慧。

的确，作为父母，我们都希望孩子早睡早起、有充足的休息时间，但一些孩子在上床这一问题上总是磨磨蹭蹭，晚上晚睡，早上起不来，造成迟到、白天精神差。这对于孩子的学习和生活都是有不利影响的，这就需要我们为孩子制定生活规矩，让孩子有个好的作息习惯，孩子休息好了，才能集中注意力学习。可以说，早睡早起是孩子自律能力强的一个重要表现。

这天晚上，都十二点了，6岁的图图还在房间拿着妈妈的手机看动画片。爸爸看见图图房间的灯还亮着，就站在房门外，等图图看完这一集，然后敲了图图的门。

"图图，你知道几点了，对吧？不早了哟。"

"我知道，可是明天周末呀，没事的。"图图为自己找借口。

"可是你知道吗？你今天晚睡，明天就要睡懒觉，明天晚上又会睡不着，循环往复，你的作息时间就会被打乱，伤身体不说，还会影响你的学习效率。"

"嗯，爸爸你说得对，健康的前提还是要有规律的作息时间……"

良好的生活习惯，源自平时规律作息时间的保持。不少孩子总缺乏这种作息时间观念，自律能力不足，更谈不上养成良好的习惯。只有合理安排好自己的作息时间，使生物钟能够保持正常的周期，人体才会感觉到精力旺盛。大量资料表明，凡是生活有规律、勤劳而又能劳逸结合的人，不仅工作效率高，而且健康长寿。

当人们累了的时候，睡觉是最好的休息方式，还能使大脑受益。

另外，学习效率的提高最需要的是清醒敏捷的头脑，所以适当地休息、娱乐不仅是有好处的，更是必要的，是提高各项效率的基础。

马上要期末考试了，洋洋总觉得自己时间不够，生怕自己考不好，于是挑灯夜战，想抓紧最后一段时间多复习点，可由于休息不够，导致精神萎靡，心神不定，上课也提不起精神。为此，洋洋妈妈很担心。

生活中，不少孩子和洋洋一样，认为只有抓紧时间学习，不放过每一分每一秒，尽可能地多学习东西，才能学习好，其实这是一种误解。因为休息不好，会影响眼睛、大脑，因为睡觉就是要自己的左半脑休息，如果休息不好，孩子在学习时就会觉得全身无力，提不起精神，更别说高效学习了。

当今社会已经不是一个只靠"头悬梁，锥刺股"就能成功的社会，学习也是。加班加点，牺牲休息时间，完全不顾自己的身体，这种做法有损身体健康，又会没有效率，往往事与愿违。

那么，我们如何保证孩子有充足的睡眠时间呢？

1.每天保证充足的睡眠

我们要为孩子规定，晚上不要熬夜，定时就寝。中午坚持午睡，充足的睡眠、饱满的精神是提高效率的基础。

那么，人为什么要睡觉？多久的睡眠才是充足的呢？

睡觉是一种生理反应，更是人体休息的最好方式之一，几乎每个人，在忙碌了一天后，都希望能美美地睡上一觉。白天，我们的大脑是兴奋的，但忙碌太久后，大脑皮质内神经细胞就会产生抑制的作用，如果这种作用占优势的话，就想睡觉了。这一抑制作用是有效的，是为了保护神经细胞和大脑，进而保证第二天精力充沛地生活。

要保证孩子有高质量的睡眠，我们还要引导孩子做到：

（1）平常而自然的心态。出现失眠不必过分担心，越是紧张，越是强行入睡，结果往往适得其反。有些人对连续多天出现失眠更是紧张不安，认为这样下去大脑得不到休息，会影响身体健康。这类担心所致的过分焦虑，对睡眠本身及其健康的危害更大。

（2）身心松弛，有益睡眠。睡前到户外散一会儿步，放松一下精神，上床前或洗个澡，或热水泡脚，然后就寝，对顺利入眠有百利而无一害。诱导人体进入睡眠状态，有许多具体方法。

（3）坚持体育锻炼。适度的体育锻炼会让睡眠更深，同时它也能在清醒时给人提供更多的动力。关键是，量力而为。当然，如果运动过度，就有可能需要较平时更多的睡眠周期来恢复体力了。

2.家长也尽量做到早睡早起

有必要的话，父母可以和孩子一起养成早睡早起的习惯，最好全家人都动员起来，以营造良好的环境、氛围来协助孩子调整好生物钟，只要生活有规律了，无论什么季节，孩子都能拥有健康、元气饱满的每一天！

3.用饮食来协助调整

饮食也会影响睡眠，如果晚餐吃得过饱或摄取热量过高的食物，孩子可能会出现肠胃不适，或者精力过于充沛，导致睡眠质量不好，如此恶性循环，不只对孩子的健康十分不利，对成人也一样，因此，我们和孩子都要遵循早餐吃饱、午餐吃好、晚餐吃少的原则。

4.告诉孩子要睡好午觉

我们不要忽视午觉的作用。在午餐和晚餐中间，一般人都会觉得头昏脑涨，思路缓慢，好像也不太能集中精神，这是人正常的生理反应。越来越多的证据显示，在经过半天的活动之后，有一股力量会驱使我们休息一下，同样，对于学习阶段的孩子来说，更应重视午觉的作用，过度用脑会对大脑发育有不利影响，也不利于下午的学习。

5.给孩子制定生活作息规矩

给孩子制定一个生活作息制度，每天什么时间干什么，给孩子讲清楚，没有特殊情况不要有变动。

保持良好的睡眠习惯，遵循睡眠的自然规律，是预防睡眠障碍的最好办法。此外，还需了解失眠的可能原因，消除影响睡眠的因素，自我调节和改善不良的情绪。

要持之以恒，每天都坚持让孩子早睡早起。不能一到周末就玩至深夜，周末早上全家人都赖在床上不起来，这样很难使孩子养成良好的睡眠习惯。相信时间长了，孩子会养成遵守作息制度的好习惯的。当然，养成好习惯不是一天两天的事情，需要我们耐心引导，一定不能操之过急。

孩子总是挑食不爱吃饭怎么办

生活中，不少父母发现，随着孩子逐渐成长，他们好像比小时候更不听话了，尤其是在吃饭上，一到吃饭时间，要么是不愿意吃，要么是挑食，这个不吃那个不吃。也有一些父母认为，孩子不爱吃饭，是不是有什么身体上的问题，其实不然。教育心理学家认为，孩子挑食不吃饭，多半是没有引导孩子形成良好饮食习惯。而6岁以前是孩子习惯养成的最佳时期，此时让孩子养成良好的饮食习惯，对孩子的健康乃至其他性格养成都有积极且重要的影响。

冉冉今年6岁了，还有一个4岁的弟弟。冉冉上幼儿园大班，弟弟在小班，此时两兄弟正处于长身体的阶段，所以妈妈每天做饭的时候都会顺带做点汤，并且要求他们二人每餐喝一碗。

这段时间，冉冉真的不想喝汤了，这不，这次吃饭时，他偷偷把汤倒在了桌子上，妈妈其实看见了，但是并没有骂冉冉，而是装作没看见。冉冉看到妈妈擦桌子，内心还一阵窃喜。

弟弟看见哥哥碗里的汤没了，就将自己碗里的汤倒了一半给哥哥，但冉冉看见妈妈一走，又把碗里的汤倒了，这次刚好被妈妈看到。

也许大多数的妈妈此时都会训斥孩子，但是冉冉妈妈则是心平气和地对冉冉说："汤是营养的食物，但是你今天不小心把汤洒了，而且还是两碗，那接下来的两餐，冉冉就没有汤喝了。"冉冉听了妈妈的话更高兴了，因为以后都不用喝汤了。

晚餐时，妈妈照常给弟弟端来了汤，这时冉冉心里怪怪的，但一想到终于不用喝汤了，心里还是很高兴。到了第二天，妈妈依然只给弟弟盛了汤，而且弟弟喝得干干净净的，冉冉忍不住了，问弟弟："今天的汤好喝吗？"弟弟点头，冉冉只能吞口水。

到了中午吃饭的时候，妈妈终于给冉冉盛汤了。冉冉看着这碗汤，觉得来之不易，非常认真地喝了个干净。

我们不得不佩服冉冉妈妈的教育方法，她真是太机智了！如果在这个时候，妈妈只会对孩子责骂或者是惩罚，恐怕不能达到这么理想的效果。所以，面对孩子不爱吃饭的问题，父母一定要找对方法。

以下是给父母的几点建议：

1.定吃饭规矩，让孩子从小就养成按时吃饭和不挑食的习惯

很多孩子不爱吃饭，包括其他很多毛病，都是被父母惯出来。很多父母长辈把孩子当成家中的"小公主""小皇帝"。比如，不让孩子干什么，孩子就开始哭闹，一看到哭闹不止的孩子，父母就妥协了，而孩子在几次尝试之后发现，似乎哭闹能成功"拿捏"父母。随后，他们就学会了

得心应手地使用这一"撒手锏"。再到后来,当父母想要约束孩子时,发现已经管不了了。为此,我们必须要明白,类似吃饭这样的日常活动,我们一定要为孩子立规矩,并且观察执行。

2."冷落"比责骂有效果

当发现孩子不吃饭的时候,不要马上发火,可以选择对孩子有意地"冷落",因为很多情况下,孩子不吃饭只是为了吸引家长的注意,而如果我们不以为然,他们反而"没辙"乖乖吃饭了。

3.自我强化,让孩子体会到不吃饭的后果

比如,孩子不吃饭,拿不吃饭要挟大人。那么,此时,你可以赶快收拾饭桌,让孩子饿一顿。饿肚子的感觉就是最好的"惩罚"。又如,没到穿裙子的季节孩子犯拧非穿不可,如果其他办法不管用了,就让孩子去穿,让孩子自己去经历、体验就是最好的教育。采用这一方法,一是要确保后果对孩子身心没多大的伤害,二是大人不要心软。

其实,爱不爱吃饭和挑食只是孩子任性的一个方面而已,此时,爸爸妈妈不要动辄打骂,一定要智慧地处理这些问题,这样也有利于孩子的成长。

爱运动的孩子更有活力

人们常说,生命在于运动,美国运动医学院的研究表明,正确的运动可以帮你持久地保持健康活力和苗条体态。现实生活中,不少家长认为孩子只要认真学习就可以而忽视了对孩子身体素质的历练,这导致了不少孩子抵抗力差、免疫力不足等,而实际上,体育锻炼对于改善神经系统的调节机能,对于孩子注意力的提升,以及学习效率的提高,都起着积极作用。比如孩子在学习累了、注意力分散的时候,到户外活动一会儿再回来学习，学习效率肯定会提高。这也是学校安排课间十分钟的原因。

体育锻炼对人的注意力的提升，也是通过神经系统的影响实现的。经常进行体育锻炼的人，大脑皮质神经细胞的兴奋性、灵活性和耐久力都会得到提高，灵活性提高了，反应也就更快了。从人体活动上看，表现出机灵、敏捷，反映着大脑本体的敏锐、灵活，使学习和工作都处于最佳状态，并能坚持较长时间。经常进行体育锻炼的人，在自然环境中接受寒冷和炎热的刺激，从而提高对环境变化的适应能力和对疾病的抵抗能力。

因此，作为父母，只要有条件，就要引导孩子积极进行体育运动，并形成规律。久而久之，当孩子养成了运动的习惯后，不但能消除疲劳，还能减少或避免各种疾病。

然而，一些父母发现，现在的孩子似乎太懒了，平时忙于学习，有时间时也热衷于电子产品，对运动提不起兴趣，更别说坚持运动了。对于这样的情况，我们可以这样引导：

1.让孩子了解各种运动的好处，培养他们的运动兴趣

在平时的生活中，可以给孩子多介绍一些运动的好处，培养孩子热爱运动的兴趣。当然，前提是我们父母想要了解，让孩子了解各类运动的意义，然后针对不同的情况对孩子进行不同的引导。

比如，对于足球这一运动，我们要告诉孩子，足球最讲究的是团体合作，如果孩子缺乏这种意识，可以引导孩子尽量朝这方面发展，这样不仅锻炼了身体，也完善了孩子的性情。通过细致地了解各种运动的益处，有选择、有目的地引导孩子朝某一方面发展，会收到意想不到的好效果。

2.多和孩子一起运动

孩子通过运动增强身体素质和智力能力的开发，不仅需要父母有运动的意识，还需要父母切切实实做到言传身教，因为身教更能使孩子积极地参与。因此，和孩子一起运动，引导孩子运动，是父母培养孩子拥有好习

惯的必要内容。

3.帮助孩子选择合适的运动方式

运动分成有氧运动和无氧运动两种，无氧运动一般都是短时间高强度的，如果不留意的话可能会让自己受伤。因此，最适合成长期孩子的还是有氧运动，不但有锻炼身体的效果，而且还能调节情绪问题，有效应对情绪问题。

常见的有氧运动项目有：步行、快走、慢跑、滑冰、游泳、骑自行车、打太极拳、跳健身舞、跳绳、做韵律操等。有氧运动的特点是强度低、有节奏、不中断和持续，时间长。同举重、赛跑、跳高、跳远、投掷等具有爆发性的无氧运动相比较，有氧运动是一种恒常运动，是持续5分钟以上还有余力的运动。

当然，无论做什么运动，我们都要鼓励孩子多坚持而不能三分钟热度。长期坚持下来，会让孩子发现，他不仅拥有了一个健康的体魄，还能经常释放心理压力，重新获得学习的能量。

4.充分利用社区的体育器械

一般来说，无论是居住的小区或者是周围公园，都会配备一套基本的锻炼身体的体育器材，父母每天上班前或下班后来这里锻炼锻炼，孩子可能因为这种"跟风"意识，不由自主地就和父母一起锻炼了。不仅如此，一般小区的孩子都愿意在这里玩耍，孩子们可以一边玩一边锻炼身体，既锻炼了身体，又沟通了孩子之间的感情，何乐而不为呢？

5.周末多安排运动来休闲

工作了一周，父母可能也很累，需要休息，但不要将所有时间都花在睡觉、逛街、看电视上，应该有计划地和孩子进行爬山、郊游等活动，让孩子选择喜欢的地点一起去游玩，这样不仅可以调动孩子游玩的积极性，还锻炼了身体。在亲近大自然的过程中，孩子的性情会得到很好的陶冶、熏陶。爬山需要付出体力，既能增强体质，又能磨炼意志，这对孩子良好素质的浸染作用不可低估。

6.鼓励孩子参加他喜欢的体育项目训练班

孩子们通过电视、网络等媒介，可能对某些体育项目非常感兴趣，比如男孩受武打片的影响可能喜欢武术、跆拳道，受体育比赛的影响，喜欢游泳、射击等活动；女孩可能喜欢婀娜多姿的芭蕾舞，喜欢优雅的瑜伽等。父母应该积极鼓励孩子发展这些爱好，给孩子报培训班学习，让孩子在快乐中达到强身增智的效果。

当然，我们提倡孩子养成运动的习惯，但运动不能超越身体极限，在孩子进行剧烈运动之前，要了解孩子的体能，以便孩子在做运动的时候把握好度，不能超越身体的极限，以免发生危险。

不吃早餐，会影响孩子的身体发育和智力发育

我们发现，不少孩子都有不吃早餐的习惯，一些孩子早上起床晚，无暇顾及早饭，还有一些孩子为了减肥，认为不吃早饭能减少热量摄入，进而减轻体重。其实他们不知道的是，早餐是我们一天当中最重要的一顿饭，早餐吃不好，不仅影响身体健康，而且会导致我们的学习能力尤其是记忆力下降。

这是因为经过一夜的休息，体内储存的葡萄糖消耗殆尽。不吃早餐，持续缺少能量的大脑就会启动自我休眠状态，减少活动，因而思维活动减慢，条件反射时间延长，记忆力低下。严重时还会感到头昏脑涨，思维混乱，反应迟钝，甚至诱发低血糖休克。而在不吃早饭的人群当中，青少年占很大比例。专家指出，青少年不吃早餐，会影响生长发育和智力发育。

专家针对9~11岁健康儿童进行了测试，结果显示，那些有吃早餐习惯的儿童在反应能力上表现更佳，并且在数学成绩上也明显优于未吃早餐的儿童。瑞典一专家在瑞典孩子中进行的研究表明，早餐能量摄入充足的孩子其身体耐力、创造力、数字核对等的表现均优于能量摄入不足的孩子，这说明不吃早餐可能影响儿童的认知能力和学习成绩。

早餐作为一天的第一餐，对膳食营养摄入、健康状况和工作或学习效率至关重要。为什么呢？

营养专家认为，青少年时期是生长发育的重要阶段，也是行为习惯、生活方式形成的关键时期。良好的饮食行为对其身体、智力发育和健康起着至关重要的作用。

按照我国膳食指南要求，早餐的能量应占全日能量的30%，调查显示，我国青少年早餐应摄入的能量要求远未达到。

1.反应迟钝

早饭是大脑活动的能量之源，如果孩子没有进食早餐，体内无法供应足够血糖以供消耗，便会感到倦怠、疲劳、注意力无法集中、精神不振、反应迟钝。

2.慢性病可能"上"身

不吃早餐，饥肠辘辘地开始一天的学习，身体为了取得动力，甲状腺、甲状旁腺、脑下垂体之类的腺体都会进入应急状态，去燃烧组织，除了造成腺体亢进外，更会使得体质变酸，患上慢性病。

3.肠胃问题

不吃早餐，直到中午才进食，胃部长时间处于饥饿状态，会造成胃酸分泌过多，于是容易造成胃炎、胃溃疡。

4.便秘

在三餐定时情况下，人体内会自然产生胃结肠反射现象，简单说就是促进排便；若不吃早餐成习惯，长期可能造成胃结肠反射作用失调，于是产生便秘。

5.肥胖

人体一旦意识到营养匮乏，首先消耗的是碳水化合物和蛋白质，最后消耗的才是脂肪，所以不要以为不吃早饭会有助于脂肪的消耗。相反，不吃早饭，还会导致午饭和晚饭吃得更多，瘦身不成反而更胖。

对于减肥期的孩子来说，他们以为不吃早餐就可以少吸收热量而因此减肥，其实不然，根据营养学家们的证实，早餐是每个人一天中最不容易转变成脂肪的一餐。如果每天不吃早餐只会让午餐吃得更多。早餐很重要，早餐、午餐和晚餐的比例最好是3∶2∶1，这样就能让孩子们在一天内所吃的精华在体力最旺盛的时间内消耗。

专家们发现，在智力水平相差无几的情况下，吃早餐的孩子明显高于不吃或少吃早餐者。这是因为不吃早餐的人，大脑就会因营养和能量不足，不能正常发育和运作，久而久之就会妨碍记忆力和智力的发展。

因此，孩子不吃早饭，这是一种非常不好的饮食习惯。研究表明，不吃早餐导致的能量和营养摄入的不足很难从午餐和晚餐中得到充分补充，所以每天都应该吃早餐，并且要吃好早餐，以保证摄入充足的能量和营养素。一顿质量好的早餐，可以供给人体和大脑一天所需要的能量和营养素，使人精力充沛，思维活跃，工作和学习效率提高，记忆力增强。

那么，该如何吃好早餐呢？

早餐的内容应该包括谷类、高蛋白类和果蔬菜三大类食物，在每一类食物中选一两种，就能搭配出高质量的早餐。从能量要求看，成年人早餐的能量应为700千卡左右，谷类为100克左右，可以选择馒头、面包、麦片、面条、豆包、粥等，适量的含优质蛋白质的食物，如牛奶、鸡蛋或大豆制品，再有100克的新鲜蔬菜和100克的新鲜水果就完美了。相反，有人喜欢以油饼、油条、桃酥等高油食物为早餐主食，搭配点咸菜、酱菜等，这样的早餐缺少高蛋白食物和新鲜果蔬，营养单一，而且油炸食品和腌制小菜对身体没有好处，还是少吃为宜。

要让年幼的孩子养成饭前便后洗手的习惯

饭前洗手是一个好习惯。吃饭之前要洗手，这是一个重要的卫生习惯。俗话说："饭前要洗手，病菌不入口。"

孩子除睡觉时间外，两只手一刻也不想闲着，尤其是年幼的孩子看见什么都想摸一摸，拿一拿。有的孩子还喜欢在地上玩土，这样手上就沾染了很多细菌、病毒和寄生虫卵。如果吃食物前不洗手，拿起来就吃，手上的细菌就容易随同食物一起被吃入腹内。

若孩子平时身体抵抗力强，细菌也闹不起来。但当孩子着凉或玩得过度疲劳时，身体的抵抗力降低了，体内潜伏着的细菌或新吃入的细菌就会活跃起来而使孩子生病。因此，一定要做到饭前（或吃食物前）先给孩子洗手，从小培养孩子饭前洗手的好习惯。

人的两只手时刻都在活动。尤其是幼小的孩子，特别喜欢四处摸、碰，手上必然沾上各种细菌。如果吃饭前不将手洗干净，便很容易使细菌随食物吞咽到肚子里而生病。因此，饭前必须洗手。

大小便后要洗手，也是预防疾病的重要措施之一。因为，很多细菌是通过粪便传播的，尤其是肠道传染病，如痢疾、肠胃炎、肝炎，还有蛔虫、蛲虫病等。如果大便后不洗手就去拿玩具，会把细菌转移到玩具上，再边玩边吃东西，或接着去吃饭，就易传染上疾病，不但形成自身的反复感染，还会传染给其他人，可能使病情迅速蔓延。因此，幼儿大小便后一定要将手洗干净。

那么，我们如何让孩子养成饭前便后洗手的好习惯呢？

1.父母以身作则，为孩子树立讲卫生的好习惯

孩子的卫生习惯都是从小形成的，与家长的态度和家庭习惯有很大关系，只要我们自己不偷懒，自觉起到榜样作用，孩子一定能潜移默化地形成良好习惯。

2.逐渐引导孩子认识洗手的必要性

告诉孩子为什么要洗手。告诉孩子洗手的道理，手接触外界难免带有细菌，这些细菌是看不见、摸不着的，如果不将双手洗干净，手上的细菌就会随着食物进入肚子，就会因为吃进不洁的东西导致生病。有条件的家长，可以带孩子通过显微镜观察，认识人手上的细菌，帮助孩子了解洗手的重要性。如果家长能详细地给孩子解释，相信他们能明白，会慢慢养成良好的习惯。

3.耐心提醒

耐心提醒孩子勤洗手。有的孩子贪玩、性子急，不是忘记洗手就是不认真洗，家长应经常耐心地提醒孩子洗手，不要因孩子不愿意洗手而采取迁就的态度，因为如果父母不时刻提醒，孩子就会以为这件事不重要，渐渐忘记要去做了。

4.日常督促

大人平常要做到饭前便后要洗手，外出回家后要洗手，要言传身教效果才会好。对于孩子呢，我们在孩子吃饭前、玩玩具后、便后等时，要督促他的洗手动作。

5.教给孩子正确的洗手方法

家长应教给孩子正确的洗手方法：先用水冲洗手部，将手腕、手掌和手指充分浸湿后，用洗手液（或香皂）均匀涂抹，让手掌、手背、手指、

指缝等处都沾满丰富的泡沫，然后再反复搓揉双手及腕部，最后用流动的水冲干净。孩子洗手的时间不应少于30秒。

6.强化记忆

生病是幼儿时期常见的事情，这时候家长要向孩子讲解一些疾病的知识，比如疾病是由手上的细菌引起的等，强化记忆。

7.调动孩子洗手的积极性

用儿歌或游戏等方式教孩子养成洗手的好习惯。家长可以通过讲故事的方式告诉孩子为什么要洗手，不洗手、不讲卫生会有什么后果；教会孩子《洗手歌》："掌心对着掌心搓，手掌手背用力搓，手指交错来回搓，握成拳头交替搓，拇指握住较劲搓，指尖放在掌心搓"。家长和孩子一起边洗边唱，让孩子学会正确的洗手方法；告诉孩子什么时候要洗手，如吃饭前要洗手、小手弄脏了要洗手、上好厕所要洗手等。爸爸妈妈还可以和孩子比赛"看谁的手洗得最干净""看谁是最讲卫生的人"等，以游戏的方式引导孩子自觉洗手，并奖励孩子正确的行为。

在孩子不需要大人提醒而饭前便后洗手时，家长应及时表扬，强化他们正确的行为，久而久之，饭前便后洗手就会成为孩子生活习惯的一部分。

孩子钟爱垃圾食品怎么办

生活中，闲暇之余，当我们问孩子想吃什么时，可能不少孩子会说："我想吃炸鸡、薯条。"而为了让孩子能好好学习，他们对于孩子的这一饮食要求多半也会应允，但我们不知道的是，这类食物无论是对孩子的身体健康，还是大脑健康，都存在一些隐患。我们发现，那些经常吃油炸食品的孩子，不但身体肥胖，思维也略显迟滞，其中就有注意力不集中的问题。因此，健康专家呼吁，家长要让孩子少吃炸鸡类食物。

小胖已经14岁了，和其他青春期的孩子一样，他也是爱吃零食的人，尤其是对于巧克力的诱惑，他似乎无法抵挡，使体重达到一百四十多斤了。学校体检查出他已经有血糖问题了，为此，爸爸告诉小胖，必须要控制嘴巴，不然以后可能要终生服药。

小胖暗暗告诉自己，必须要管住自己的嘴巴。其实，小胖是个很有毅力的人，在小学五年级的时候，他还是全班倒数，但现在，他已经是学习上的尖子生了。对于抵抗美食的诱惑，他相信自己一定也有毅力。

曾经一段时间内，巧克力的压力一直沉甸甸地挂在他心头。但他问自己，如果自己偷偷吃了一块，那么，我会找借口鬼鬼祟祟吞下另一块吗？这种压力如此之大，以至于小胖决定把所有的巧克力都分给自己的朋友吃。而现在，他对巧克力已经没任何欲望了。

案例中的小胖是个自控力很强的男孩，在意识到巧克力对自己身体的危害之后，他能果断"戒掉"。这对于很多无法抵抗住美食诱惑的孩子来说无疑是一个最好的激励。

诚然，作为父母，我们都知道，成长中的孩子对于能量的需求比成人大，所以我们强调要增加营养，但无节制地饮食会对我们的身心产生巨大的危害：摄入食物太多，会导致肥胖、高血压、高血脂等一系列身体问题的出现，并且，一些食物摄入过多更会影响孩子的大脑，进而影响到孩子的注意力。而且，对美食缺乏自制力的孩子，也很难形成坚强的意志力。

那么，不健康的食物有哪些呢？

1.含反式脂肪酸的食物

最常见的就是孩子们喜欢的炸鸡，含反式脂肪酸又称反式脂肪或逆态脂肪酸，是一种不饱和人造植物油脂，生活中常见的人造奶油、人造黄油都属于反式脂肪酸。制造反式脂肪酸的"氢化处理"过程可以防止分子被氧化，使液体油脂变成适合特殊用途的半固体油脂并延长保质期。

据健康专家介绍，在人们经常吃的饼干、薄脆饼、油酥饼、巧克力、色拉酱、炸薯条、炸面包圈、奶油蛋糕、大薄煎饼、马铃薯片、油炸干吃面等食物中，均含有不等量的反式脂肪酸。

反式脂肪酸在自然食物中的含量几乎为零，很难被人体吸收、消化，容易导致生理功能出现多重障碍，是一种完全由人类制造出来的食品添加剂。实际上，它也是人类健康的"杀手"。

研究认为，青壮年时期饮食习惯不好的人，老年时患阿尔兹海默症（老年痴呆症）的可能性更高。反式脂肪酸对可以促进人类记忆力的一种胆固醇具有抵制作用。

2.过咸的食物

过咸高盐的食物，包括咸菜、榨菜、咸肉、咸鱼、豆瓣酱等，若孩子食用过多（宝宝1岁前饮食尽量不添加盐或少添加盐，1岁以上每天3克以下就足够了），不仅会患动脉硬化等疾病，还会损伤动脉血管，影响脑组织的血液供应，造成脑细胞的缺血缺氧，从而导致宝宝记忆力下降、智力迟钝。

3.含铅铝过高的食物

铅、铝是对孩子智力影响最大的两种金属元素，它们对孩子尤其是一些婴幼儿的智力的影响是不可逆转的。过量的铅进入血液后很难排除，会直接损伤大脑。而铝是脑细胞的一大"杀手"（人体每天铝的摄入量不应超过60毫克），人体内积聚的铝过多，会对大脑及神经细胞生出毒素，出现记忆力减退，智力下降，反应迟钝等症状。生活中含铅、铝食品、用品我们随处可见，如皮蛋、爆米花、油条、部分罐装食品饮料、漆制玩具等。

4.加糖鲜榨果汁

一些孩子很喜欢喝鲜榨果汁，认为果汁总比可乐、雪碧、奶茶这样的饮品健康。实际上，这些果汁在加了糖之后比汽水的热量还要高，糖分也比汽水多，因此，青少年朋友最好吃水果，比饮料更健康，也更能保护自己的大脑。

总之，在孩子成长的过程中，健康问题一直是我们家长最关心的事情之一，每个父母都希望自己家的孩子不仅要聪明，更要健康。饮食一直是我们关心的问题，在孩子成长的阶段，合理的饮食不但有利于生长发育，还有助于大脑发育，因此，家长要注意合理膳食，尽量避免孩子摄入伤害身体的一些食物。

节食减肥在孩子中为何成为一种时尚

有位妈妈这样谈到自己的教育烦恼："我女儿今年18岁，孩子自生下来后，身体一直比较好，她12岁左右听到别的同学叫她胖子，其实她离"胖"还很远，只是身体很结实，稍微有些胖，自尊心太强的她从此就心理压力很重，但她从来没有跟家长说过些。一直到初三，由于她父亲总是强迫孩子吃饭，她不敢反抗，只好用呕吐的方法减肥，每次都按她父亲的要求吃完饭后就去卫生间吐。这种情况一直持续到2016年我才发现，这期间我和她父亲于2014年10月离婚了，孩子跟着我，当时正上高一。高中三年，我发现孩子变化很大，一是不太诚实，二是身体消瘦得很厉害，三是饭量特别大，四是身体总不舒服，我带她做了各种检查都没问题。在高考前，她由于心慌气短不能上学，一直在家里休息，高考成绩可想而知。她现在已无法控制自己吃东西，非常痛苦，想吃东西的欲望是间歇性的，想吃的时候就非常烦躁，吃了再吐就好了。自从今年年初她告诉我情况后，我和女儿一直在努力想改掉这个毛病，半年来这种情况有了很大的改观，但她还是阶段性地复发。我们住的地方是个小城市，没有心理医生，我想带她去别的地方看，可是她死活不肯去，我只好在网上找一些相关的信息，想尽办法引导她，情况虽然有所好转，但改变不大，以至于她的心理问题不能彻底解决，高考无法正常发挥自己的水平。"

对于成长期的孩子来说，他们都注重自己的外貌，尤其是到了青春期后，一些孩子特别是女孩的爱美之心也日益强烈，有些女孩对于自己的外表不太满意，她们总是觉得自己的外表有缺陷。于是，很多女孩选择通过减肥来让自己变得更漂亮。减肥并没有错，但父母一定要正确地引导孩子，教孩子正确看待减肥，不能因为减肥而影响身体的发育和学习的进步。

青春期是每个孩子的人生关键期，这一阶段的身心发展关乎孩子的一生，家长必须引起重视。面对孩子减肥，家长必须给予正确的引导，那么，父母该怎么引导呢？

1.告诉孩子，真正的自信并不是来自外表

爱美的确是人的天性，但因为美丽的外表而获得的自信却不是真正的自信。父母应该在孩子小的时候就给他传达这样的观念，尤其是那些对自己外表不满意的女孩，不要畏畏缩缩，总想把自己藏在人群里。

15岁的晶晶也是一个胖女孩，但无论做什么事情她都充满自信，自告奋勇当班长，报名舞蹈班学舞蹈，积极与老师讨论自己的解题思路……

当老师问起晶晶的父母是如何让晶晶如此自信时，晶晶的爸爸说起了那段经历：晶晶刚上学的时候非常自卑，因为她觉得同学们都因为她胖而不愿意跟她交朋友。她常常以"不饿"为理由拒绝吃饭，我怕她这样下去身体和心理都会受到伤害，便用她的偶像——杨澜来激励她："你知道杨澜阿姨为什么这样优秀吗？"

"因为她漂亮。"那段时间女儿对外表的关注已经"走火入魔"了。"你不是收集过杨澜阿姨的很多资料吗，你认真地回答我，杨澜阿姨是漂亮还是有气质？""有气质！""你知道她的气质是怎样得来的吗？""不知道。"女儿迷惑地摇摇头。"是因为她自信，她对任何事都满怀着信心，用最积极的态度去做，所以她成功了。也正是她的成功又增加了她自信的气质，不信你可以看看她的自传。"女儿真的读起杨澜的自传来，就是从那时起女儿不再那么关注外表了，并且变得自信、积极阳光起来。

孩子关注自己的外表并不是坏事，但过度关注外表就很容易变成坏事。因此，做家长的在孩子小的时候就应告诉他，真正的自信并不是源自外表，而是源自充实的内心。

2.告诉孩子刻意减肥的坏处

体型过胖，可以减肥，但要选择正确的方法，尤其是到了长身体的青春期阶段，万不可过度地节食。节食甚至绝食，身体会垮掉，体质下降，身体机能紊乱，免疫力下降，可能造成肌无力等严重后果……

3.告诉孩子应该合理饮食，才能有健康的身体

正确的减肥方法首先应该有合理的饮食习惯和适当的运动：

（1）饮食：低热量，高蛋白质，低脂肪的食物为主，多吃蔬菜和水果，多喝水，不吃垃圾食物。

（2）运动：适当的运动是必要的，不能因为学习的繁忙而忘记运动，这是很多孩子体质差的原因。

青春期的孩子正是追求美和爱美的阶段，但他们不能分辨什么是美，

什么是丑，这时，我们就要给孩子一个值得信任的理由，让孩子坚信它，不再盲目地减肥。我们还要告诉他，外表美并不一定是真正的美，心灵美才是真正的美，让孩子健康地度过青春期，是做父母的责任！

第 02 章

生命安全永远第一位，从小培养孩子的自我保护意识

　　作为父母，最关心的就是孩子，包括他们的身心健康、安全问题，青少年尽管处于心智不断发展成熟的阶段，但他们毕竟还是孩子，对于周遭的危险缺乏一定的自我保护意识，因此生活中孩子受伤害和侵害的事件屡见不鲜。作为父母，我们除了要培养孩子的学习能力外，还要尽早让儿童树立安全意识，学习自我保护的方法和技巧，唯有如此，才能保证孩子健康快乐地成长。

告诉孩子，生命安全永远是第一位的

为人父母，我们都希望孩子能健康平安地成长，但我们不可能保护他们一辈子，我们有必要教导孩子从小开始学会保护自己，尤其是保障生命安全。的确，对于孩子来说，他们缺乏一定的自我认识，对他们的安全教育更为重要，家长不要认为孩子每天接触的范围小，就不加以重视，其实很多危险都是在不经意间发生的。所以，应该适时对孩子进行安全教育。

然而，部分家长对孩子的安全教育不太重视，认为家长每天都能陪伴孩子左右，不会发生什么意外；一些家长相对重视但也不知道从何教起，很多人会将这方面的教育依托于老师和学校的课程。但其实，孩子的安全教育应该要从小培养，在日常生活中潜移默化地引导孩子，让孩子学会保护自己。

1.避免遭受暴力对待

生活中，孩子被同龄人欺负或者遭受一些大的孩子、"社会人士"恐吓、勒索的情况并不少见，甚至我们还看过幼儿园老师虐童的新闻，而这些都不得不让我们更加重视孩子遭受暴力对待的问题。

不少孩子尤其是那些年纪小的孩子，并没有很强的危险意识，家长应该提前教孩子一些保护自己的技巧，不要等悲剧发生了才意识到安全教育的重要性。家长平时可以陪孩子一起观看一些安全教育视频，一边看一边引导孩子思考，父母要告诉孩子生命安全是第一位的，遇到类似被恐吓勒索的情况决不能逞强，物品钱财是小事，要尽量避免自己受伤害。

家长要告诫孩子，避免单独出门，尽量避免去人少的巷子、网吧等这些人流复杂的地方，如果感觉有危险，应该尽快撒腿就跑，去到人多的地方寻求大人的帮忙。同时，孩子如果遭到暴力侵害，要记住坏人的样子，事后及时报警。孩子最容易在放学的路上遭遇坏人，因此如果父母有事不能接孩子放学，家长可以托可信赖的人帮忙，或者叮嘱孩子与顺路的同学结伴而行。并且，在无法接孩子的情况下家长最好提前通知老师，请老师留意或帮忙。

2.面对诱拐的坏人

孩子年纪小，分辨能力弱，他们很难分清陌生人和坏人之间有什么不同。家长在教育孩子的时候，都喜欢告诫孩子"不喝陌生人给的饮料，不吃陌生人的糖果"。孩子在外面玩的时候，家长千叮万嘱孩子"不与陌生人说话"，但是我们往往忽视了孩子是否能够了解谁才是"陌生人"。

有时候妈妈带着孩子出去，常常会鼓励他们叫叔叔阿姨好。这些叔叔阿姨对孩子来说明明也是陌生人，但是家长却让自己向他们示好，此时孩子内心会产生困惑，而且我们还经常鼓励孩子迷路的时候要找身边大人，这样也是鼓励孩子"和陌生人交谈"。因此，家长不应只是单纯地告诫孩子避免和陌生人接触，而是尽可能让孩子学会分辨陌生人和坏人。

叮嘱孩子不要轻信陌生人，让孩子学会拒绝陌生人的诱惑，而且即使是孩子曾经见过的人，也告诉孩子不要轻信。妈妈可以教孩子一个方法：如果有陌生人过来搭讪并主动提出要送你回家，可以让孩子骗他说自己做警察的爸爸正赶过来接自己，用警察的名义吓跑坏人。用"撒谎"的方式来学会聪明地保护自己。

3.如果走丢了怎么办

刚才还牵着孩子的手走得好好的，但孩子可能突然松开手去看柜台里的娃娃，做家长的发现孩子在商场走失必定很焦急。对于这种情况，家长首先要提高警惕，尽量避免这些情况发生。在人多的地方，要牵好孩子的手，让孩子时刻都在自己的视线范围内。

家长可以在每次出去之前，就先跟孩子"约法三章"，预先说一下万一走丢了怎么办，让孩子做好心理准备。家长尽可能地让孩子背熟爸爸或者妈妈的姓名和手机号码，告诉孩子万一走丢了，可以求助警察叔叔或者商场的工作人员打电话给爸爸妈妈来接自己。如果是在商场中走丢的，可以向附近的保安或者工作人员求助，请他们用广播寻找父母。

另外，和父母走散后，告诫孩子不要随便碰到一个人就说自己父母不见了，更不能随便跟陌生人走，不然很容易会遇到诱拐孩子的坏人哦!

4.交通规则要遵守

好动的孩子满街跑，马路如虎口，一不小心孩子就会有安全事故，因此家长不能对马路安全疏于防范。

孩子年龄比较小的时候，家长可以在日常和孩子做一些简单的小游戏，如"红灯停、绿灯行""过马路走斑马线"等游戏，让孩子在游戏中能够初步建立交通规则意识。年龄稍大，孩子社会认知意识提高，家长在和孩子出去时可以在马路上引导孩子学会简单地判断自己和他人的行为，判断这些行为的对与错。这样，孩子不仅有了交通规则意识，而且能在实践中锻炼加深对规则的认识。

另外，一些卡通片也可以作为教育孩子交通安全意识的学习资源，让孩子寓教于乐，增强孩子学习兴趣的同时能够帮助孩子形成孩子安全出行的意识和习惯。

5.增强火灾、地震的自我保护意识

虽然说火灾、地震这些危害不常发生，但是一旦发生，造成的损害可能就是毁灭性的，我们家长一定要有忧患意识。为了孩子的健康和安全，家长和老师应该及早教给他们一些必要的安全常识及处理突发事件的方法，注意培养孩子的自我保护能力及良好的应急心态。

建议家长可以用动画、游戏的方式作为安全学习的入门方式。家长可以依据动画片里面提到的知识，做进一步的解释和深化，必要时还能够做一些小游戏来进行演习实践，遇到危害要大声呼叫，遇到火灾、地震等要采取简单的自救措施，不要乱跑、等待救援，让孩子在演习中学会冷静面对灾害。

家长还应该告诫孩子，遇到危险时他可以先跑。因为孩子毕竟只是孩子，他本就弱小，没有能力保护其他人，他需要做的只是保护自己。孩子遇到危险自己先跑，还能有机会去找到专业的人来求助其他人，能够帮助其他人的机会更多，这才是真正意义上的勇敢。

另外，在日常生活中，家长应教给孩子简单的应对意外伤害的方法，如手指被割伤、流鼻血、被开水烫了时，应怎样减轻伤害等。

如何预防孩子走失

现代社会中，我们经常看到一些孩子走失的新闻，各种各样的新闻此起彼伏。这让父母们很担心，那么，怎样才能减少孩子走丢的几率呢？

以下是一些方法：

1.不能让孩子离开自己的视线

为了孩子的安全，带着孩子出去玩的时候，坚决不能让孩子离开自己的视线。

现在五六岁的孩子特别爱跑，父母更是不能掉以轻心，不能认为孩子大了就丢不了。去旅游的时候，最好不要一个人带孩子出去，最好是家人结伴，或者与朋友一起，互相照应。

2.教孩子记住自己的居住地

孩子不仅要知道自己和父母的名字，而且最好知道其他亲属的名字，让孩子记住自己住的城市名字以及小区名字和门牌号，但是要叮嘱孩子不能告诉陌生人。

3.教孩子如何拨打电话

也许孩子从小就被教导记住自己的名字和父母的名字，但随着孩子的长大，我们必须让孩子熟记亲人们的联系方式，尤其是爸爸妈妈和家里的电话，同时还要教会孩子如何拨打电话，无论是手机还是固定电话，都要让孩子学会使用。

4.教孩子学会拨打紧急号码

从孩子学会拨打电话开始，我们就应该教会他拨打110报警电话、119火警电话和120救护电话，紧急情况下，也许他还能想起这些应急的电话。

不过一定要记住告诉孩子只有紧急的时候才能拨打，平时不能随便拨打紧急电话。

5.平时就注意培养孩子的应急能力

除了教会孩子这些方法外，培养一个孩子聪明睿智的能力也很重要，增强孩子意志力，遇到事件不慌乱，让自己临危不惧，用自己的智慧来解救自己更重要。

现在的孩子都非常聪明，但是要让他们临危不乱，遇到事情不大哭，还真是不容易，所以就得靠平时来培养，教他们遇到什么事情的时候怎么自救。例如在超市里找不到爸爸妈妈，可以求助穿超市制服的工作人员帮忙；在街上可以请求警察叔叔帮忙，还要教孩子识别公安局标识，遇到困难了，在街上没有警察的时候，可以在街上找派出所和公安局驻地；或者教孩子识别军队等标识，只要孩子迷路后能找到这些单位求助，相信大部分情况下都可以得到帮助的。

告诫孩子要严格遵守交通规则

现代社会，随着经济的发展、城市文明的进步，马路上的车辆越来越多，而随之出现的就是不断增长的交通事故，其中孩子遇车祸的情况也较多。从小教育孩子了解和遵守交通规则是非常必要的。

有人认为，交通规则规定，6岁以下的孩子上街应有大人带着，对小孩子讲交通规则有什么用？其实，即使大人带着小孩上街、坐车，也应该把交通规则告诉孩子，因为孩子是要长大的，总是要独自上街、坐车的，早点儿让他们了解一些交通规则，总比等他们独立活动时再急急忙忙地告诉他们更有利。何况，这些孩子有时候会和其他小伙伴一起闯到街上或者在街上与大人走散，让他们平时了解一些交通规则，在他们独立活动时肯定是用得着的。

教孩子了解和遵守交通规则，并让其遵守交通规则，要多用具体生动的方法。具体来说，我们父母要做到：

（1）家长要让孩子了解一些常见的交通规则的内容。例如"红灯停、绿灯行""行人要走行人道，没有行人道的要靠边走""行人过马路要走人行横道线，没有横道线的地方要先看左，后看右""不要在街道、公路上追跑打闹""坐车时不要把头、手伸出窗外"，等等。

（2）父母以身作则，为孩子树立遵守交通规则的榜样。以下是交通信号灯下面发生的一幕：

红灯亮起了，斑马线的一端站立了一些行人，大家都在等绿灯。此时，穿行的车辆少了点儿，人群中有人等不及了，要闯红灯过马路。

有位妈妈拉着女儿的手也准备穿过斑马线，此时，女儿抬起头问："妈妈，你不是说要等绿灯亮起才走吗？你要闯红灯了！"女儿的话让妈妈很没面子，妈妈恼火地看了女儿一眼，正准备斥责她，但忽然听到"吱"的一声急刹车，一辆轿车差点撞到闯红灯的行人。妈妈心里感叹：幸好有女儿提醒，否则后果不堪设想。

孩子不同于成人，仅靠说教也许不能引起他的注意，因此父母要将这些道理反复地向孩子讲，并且要以身作则，自己坚持遵守交通规则，过马路一定走斑马线，用自己的行为给孩子做出好的榜样。

（3）带孩子乘坐交通工具时可以为其讲述如何遵守交通规则。例如，在公共汽车上，对孩子讲为什么不应把手和头伸出窗外，这样能加深孩子的印象。走人行道、横道线等规则，也要在带孩子上街、过马路的时候边走边对他讲。

另外还要注意告诉孩子，交通规则就是为了避免出事故才规定的，只要遵守交通规则，就可以保证安全；千万不要为了引起小孩注意，故意夸大其词地吓唬孩子，以免孩子以后只要上街过马路就紧张，这样反而会造成事故的发生。

（4）父母要告诉孩子，不仅仅是在车辆多的时候遵守信号灯规则，在没有车辆的时候也不能抱有侥幸心理，去闯红灯，而要严格遵守交通规则。

（5）父母应提醒孩子，过马路不仅要观察信号灯，还要注意左右看，观察周围是否有车辆通过，因为有些开车的司机会不遵守交通规则。

（6）当孩子学会了如何过马路后，父母还应告诉他，过马路时在保证安全的同时应加快步伐，迅速通过，以免遇到绿灯突然变红灯的情况。

（7）有时即使遵守交通规则也会遇到某些意外情况。比如，过马路时绿灯突然变成红灯，父母要告诉孩子，遇到这种情况千万不可强行通过，更不能与车辆比到底谁跑得快，这样极易引发交通事故。最好的办法就是原地不动，等待车辆通过，并时刻注意身边通过的车辆，以免被剐蹭到，等绿灯亮了之后再通过。

第02章
生命安全永远第一位，从小培养孩子的自我保护意识

寓教于乐，在游戏中对孩子进行安全教育

如何对孩子进行安全教育是困扰很多家长的问题。对此，生活中，一些父母为了孩子的安全，会限制孩子活动的范围，将"安全带"紧紧地系在孩子的身上，认为这样就"万无一失"了。实际上，这不过是因噎废食，家长忽视了对孩子主动自护的积极引导，使孩子不能自由地活动、自由地游戏，这样的过度保护对孩子的全面发展十分不利。孩子的安全不仅需要成人的保护，更重要的是通过安全教育，提高孩子的安全意识与安全防范的知识和技能，以便能处理生活中可能出现的一些紧急情况，避免安全事故的发生。

众所周知，孩子最喜欢的活动莫过于游戏，而将教育内容与游戏融合到一起，能使生活技能在轻松、愉快的游戏活动中得到巩固，这不但不会增加孩子的负担，反而会使这种安全意识和技能成为孩子日常生活的习惯。

事实上，在国外的很多家庭和幼儿园中，孩子游戏时间比较多，他们的安全教育是与孩子们的游戏融合在一起的，并更多地与生活相结合，让孩子在玩中自己去体会什么是安全，逐渐形成一种安全意识，以及应对危险的能力等。

比如，当孩子独自在家的时候，面对陌生人，他们很可能因为缺乏自我保护意识而引狼入室，进而让自己陷入危险境地。正因为发现这一点，在国外，不少教育部门推荐学校和社会为孩子进行一次"演习"，包括当地的警方也参与到这样的专题"演习"中，他们还专门为孩子制作了独自在家的安全手册，让孩子在涂涂画画中记住应对陌生人的一些安全守则。如接听电话时，不要在电话中透露自己家的地址、姓名等相关信息，如果发现有可疑的地方要打电话报警等。对于这样的自我保护教育，幼儿园更多的是要求家长参与，将这些安全守则转换成亲子游戏的一部分，让孩子

在与家长的游戏过程中学会自我保护的技能。除了让孩子们学会避免生活中人为造成的危险，国外有些幼儿园每月进行一次火灾、暴风雨等灾难的逃生演习，让孩子们掌握逃避自然危险的能力。

同样我们也要非常重视孩子的自我保护教育，因为真实的生活是充满了各种危险因素的，让孩子学会在生活中保护自我不受伤害在他们看来是非常必要的，因此自我保护教育被视为安全教育的重要部分。

以消防安全教育这一主题为例，父母可以和幼儿园协商对孩子进行一次游戏。

例如，可以带领孩子参观消防车和消防器材，如果孩子对这一过程感兴趣，可以为孩子做一次火灾逃生自救以及灭火的模拟表演。表演过程中，可以让孩子学习如何匍匐前进，用湿毛巾捂住口鼻，以免吸入有毒气体或者烟尘，并正确地使用灭火器等。

另外，家长还可以带孩子做角色扮演的游戏，比如：

（爸爸戴上口罩扮演陌生人，妈妈扮演邻居家阿姨的角色，小孩则假装自己独自在家。）

陌生人：（咚咚咚）"快开门！"

孩子："谁呀？"

陌生人："抄燃气表的。"

孩子："我爸爸下楼买菜去了，他马上就回来，你稍等一下。"

陌生人："赶快开门，我查完还要去别人家呢！"

孩子："邻居的阿姨在家，你先查她家的。"（大声地）"马阿姨——有人查煤气——"

陌生人：（惊慌失措地逃窜了。）

邻居阿姨：（开门出来）"这肯定不是查煤气的！是个骗子！"

这些假设是让孩子知道，在某些情境下如何应对才是正确的，同时也使他们在日常生活中遇到突发状况不必感到恐惧。

总之，我们要学会寓教于乐，因为孩子最喜欢的是游戏，在游戏中学习安全知识，是孩子最喜欢的方式，也是最容易让孩子学会的方式，在游戏中，孩子通过角色扮演，能进一步巩固安全知识技能，并在游戏中予以运用，能让孩子切实将安全知识运用到社会实践中，进而提升他们的自我保护能力。

告诉孩子如何摆脱陌生人的跟踪

现在有些不法分子为了达成犯罪目标，往往会提前做很多准备工作，并且对孩子进行跟踪盯梢以寻找下手的时机。孩子，尤其是年幼的孩子，他们的警惕心往往是有限的，如何才能教会孩子在被人跟踪盯梢的情况下保持冷静，机智地甩开跟踪、寻求帮助？

我们先来看下面一个案例：

七岁的毛毛已经一年级了，为了锻炼他的独立能力，爸爸妈妈让他自己上下学。

尽管如此，妈妈还是有点不放心，每天早上，毛毛出门前，妈妈还是会一再叮嘱他："等下叫上小明一起走，你们不要抄近道走小路，一定要走大路人行道，记住爸爸妈妈的电话号码，有什么问题要随时打电话给我们！"妈妈天天都说这个问题，听得多了，毛毛就开始烦了，"知道了妈妈，每天都说这些，真啰唆！"

于是，妈妈很严肃地走到毛毛面前蹲下，看着他的眼睛说："毛毛，妈妈知道你天天听同样的话可能有点厌烦了，不过，妈妈还是要提醒你，安全第一，一定要记住妈妈的话，千万要小心！明白了吗？"

"好啦，我记住啦妈妈！再见！"毛毛迫不及待地背起书包，邻居家的小明正在楼下等着自己呢！

就这样，两个小朋友一起一前一后地出门了。突然，小明提议道："毛毛，要不咱们今天走小路去学校吧，这样我们就是到学校的第一名！"毛毛想了想，答应了！

于是，他们俩拉着手拐进了一条小胡同。小胡同里没什么人，走着走着，毛毛偶然回头，突然觉得有点不对劲，后面有个穿黑衣服戴着连衣帽的大个子叔叔，好像一直在跟着自己，当毛毛和小明停下脚步，他也停下了脚步。

于是毛毛拉了拉小明的手，悄悄对他说："小明，好像有人跟着我们，我们走快点，赶紧到大路上去！"他们加快了速度，后面的大个子黑衣人也加快了速度。于是毛毛更加肯定了自己的担心，他拉着小明的手，装作慢悠悠地溜达着，突然拐进了另外一条胡同，然后拼命跑到了大路上。再回头看时，还好，黑衣人不见了。

过了会儿，他们看到那个人又在离学校不远的地方，他赶紧对旁边一个戴着红袖章的交通协管员阿姨说："阿姨，那个人跟踪我们很久了。""哦，这么危险，你们父母电话多少，我打电话让他们来接你们。"

不一会，妈妈就到了，毛毛一下扑到了妈妈怀里，紧紧地抱住了妈妈。妈妈亲了亲他的小脸，安慰道："没事，有妈妈在！幸亏你记住了爸爸妈妈的电话号码！""妈妈，我以后再也不嫌你啰唆了！"毛毛不好意思地在妈妈耳边小声说道。

这则案例中的毛毛和小明是幸运的，也是聪明的，面对坏人跟踪，他们灵活应对、机智逃脱，没有给坏人伤害自己的机会。

如何防止被跟踪和摆脱跟踪，是我们要教会孩子的保护自己的重要一课。我们要告诉孩子：当一个人走在上学或回家的路上，偶然间无意回头，发现有人时隐时现总跟在后面，而当你注意他时，他却不自然地躲开；你走他也走，你停他也停，这表明你被坏人跟踪了。

面对这种情况，我们要告诉孩子这样做：

（1）不能惊慌失措，要镇静。

（2）迅速观察环境，看清道路情况，哪儿畅通，哪儿拥堵；哪儿人多，哪儿是人少。

（3）立即甩开坏人。方法就是跑开，向附近的建筑物跑，向有行人、有人群的地方跑。如果是夜晚，哪处灯光明亮，就往哪跑。如果附近有居民家，往居民家里跑求救也可以。

（4）可以正面相视，厉声喝问："你要干什么？"用自己的正气把对方吓倒、吓跑；如果对方不逃，可大声呼喊，引来行人。如果坏人不跑，那么你就要立即做出反应，自己跑开。

（5）如果被坏人动手缠住，除了高声喊，还要奋起反抗，击打其要害部位，或抓打面部；你身上或身边有什么东西可用，你就用什么东西，制止坏人接触自己身体、侵害自己。

平时，有这样几方面要加以注意：

第一，放学回家外出活动时，尽最大可能创造条件结伴而行，减少单人行走机会。

第二，不在行人稀少或照明差的地方走、游玩。如果时间晚了，要想法通知家人去接你。

第三，尽可能不向外人宣传自己家庭情况，以防坏人听到后，了解你的行动规律。

第四，切记不可冒险，不可存有侥幸心理。不要老用"没事儿"来安慰自己。

让孩子学会保护自己的身体

对于任何一个成长中的孩子来说，最重要的莫过于一个干净健康的身体，我们保护孩子，就是要让孩子在一个安全的环境下长大，不让孩子受到任何身体上的伤害，但生活中，孩子遭受性侵害的案例时有发生。

据调查，在强奸案中，侵害对象主要是25岁以下的女性，而14岁以下的幼女也占相当比例。当然，男童被侵犯的现象也常常在我们周围发生，所以教育孩子注意保护自己的身体已刻不容缓。

檬檬还在读高中，看着朋友交了男朋友，无人追求的她，选择了网恋。她在网上认识了一个叫"真心爱你"的男孩，在相识了两个月以后，两人选择在一家电影院见面，当檬檬见到"真心爱你"的时候，完全被他帅气的外表迷住了。可是，接下来发生的事情让蒙蒙一辈子都无法忘记，檬檬被他带到一家宾馆，檬檬还没来得及反抗，就被强暴了，出于羞耻心，檬檬一直不敢说，惶惶不可终日，成绩也一落千丈。

这是很典型的孩子遭到身体伤害的案例，孩子不懂得保护自己，带来的不仅仅是身体的伤害，还有心灵的创伤，甚至会带来一辈子的阴影。

综上所述，孩子遭受身体创伤的情况是很多的，应该加强自我保护的意识，还要提高自我修养，不随波逐流。

为此，家长必须让孩子明白以下一些自我保护的忠告：

第一，告诉孩子什么是性侵犯以及遇到性侵犯时该怎么应对，要告诉孩子，自己的身体任何人都无权抚摸或伤害，受到侵犯应向信赖的成年人或警察求助。

第二，告诉孩子晚上外出时，应结伴而行。尤其是年幼孩子外出，家长一定要接送。

第三，孩子外出要注意周围动静，不要和陌生人搭腔，如有人盯梢或纠缠，尽快向大庭广众之处靠近，必要时可呼救。

第四，孩子外出，要随时与家长联系，未得家长许可，不可在别人家夜宿。

第五，如果是女孩，要避免单独和男生待在家里或是在封闭的环境中会面，尤其是到男生的家里去。在外不可随便享用陌生人给的饮料或食品，谨防有麻醉药物；拒绝男士提供的色情影视录像和书刊图片，预防其图谋不轨。

第六，独自在家，注意关门，拒绝陌生人进屋。对自称是服务维修的人员，也告知他等家长回来再说。

第七，晚上单独在家睡觉，如果觉得屋里有响声，发觉有陌生人进入室内，不要束手无策，更不要钻到被窝里蒙着头，应果断开灯尖叫求救。

第八，受到了性侵害，要尽快告诉家长或报警，切不可因害羞、胆怯而延误时间丧失证据，让罪犯逍遥法外。

第九，必须具备一些防卫能力：

（1）超前的防范意识。孩子体力有限，社会经验较少，不要轻信陌生人的许诺。对熟悉的异性也应保持交往距离，掌握活动的合适地点和方式。

（2）冷静的分析能力。遇事要保持冷静、镇定，切不可自乱阵脚。

（3）灵敏的反应能力。当发现情况不对劲时，要及时想出合适的对策。

（4）顽强的忍耐能力。要想达到自我保护和防卫成功的目的，必须具备顽强的忍耐能力，绝不能由于肉体、精神受到伤害而失去反抗的信心。

（5）顽强的防卫能力。呼救，你可以放开喉咙尖叫，一是表示反抗，二是呼吁救助。万一陷入困境时，应竭尽全力还击歹徒。自己的头、肩、肘、手、胯、膝、脚都可以成为攻击的武器。要设法击中歹徒的身体要害，如踢他小腹会使其疼痛难忍，也可以不失时机地咬他。

孩子如成长中的花朵，最容易成为"坏人攻击的对象"，所以必须有强烈的自我防卫意识。而这一点，必须由父母的教育才能获得，让孩子从小认同自己的性别，并有意识地保护自己的身体，这样，孩子的身体安全才有保障，才会在一个健康祥和的环境中成长！

如何避免孩子在体育运动中受伤

当孩子进入幼儿园和小学后，都要进行体育锻炼，体育锻炼虽然好处多多，并且充满着趣味性，但它并不是没有危险。在体育运动的过程中，可能会受伤。轻微的小伤可能很快痊愈，但是有时可能受伤严重。如何避免在体育运动中受伤，真的是一门学问。

首先，应在运动前做好防护工作。

（1）运动的服装要以宽松和舒适为主，开始运动前要检查运动鞋的鞋带是否系好，以防止运动时被绊倒。

（2）孩子适合什么样的运动活动，要看其年龄和身体情况，且运动量不可过度。孩子容易兴奋不易控制，一旦疲劳，活动时精神不集中，就易发生事故。

（3）检查运动场地是否平整，是否存在一定的安全隐患，包括周围是否有车辆穿过，有无行人、宠物等。

孩子的运动场地要仔细选择，比如，场地上是否有钉子、石块等，如果有，要及时清除。不要让孩子去触碰和玩耍那些尖锐的物品。

家长带孩子到小区游乐场或者公园玩，要先检查滑梯、跷跷板、攀登架、木马等设施是否完好，有没有腐烂、露尖的部分。

（4）告诉孩子在运动前要先做全身性的准备活动。全身性的身体准备活动，能提高中枢神经和内脏器官对运动的适应性，以此能避免因突然运动而导致的头晕、头疼等情况，并且，孩子身体各部分的关节、肌肉和韧带进行预热后，能降低这些组织彼此之间的摩擦力，这样，孩子在活动中受伤的风险也会降低。

其次，运动中的防护也是非常重要的。以下是我们父母要帮助孩子掌握的几点防护方法：

第一，教导孩子掌握正确的动作和方法。比如，如果正在做屈膝的动作，那么，就不要突然进行旋转伸膝的动作，这会很伤害膝关节。

又如，如果孩子正在跳跃，那么就不能着地阶段伸髋伸膝，这样地面对身体的冲击力得不到有效的缓冲，会对孩子的踝、膝、脊柱、头部造成不良的影响。

第二，运动量要适度。在带领孩子进行体育活动时，要首先确保孩子有运动的意愿，如果孩子执拗地、不愿意运动，切不可强求，因为这样孩子很可能在运动中由于注意力不集中而出现不必要的损伤。

第三，在孩子吃饱后不要让其做剧烈运动。饱食后运动会造成消化系统血液供应不足，可能会导致孩子腹痛、呕吐等情况的发生。

第四，运动中不要让孩子喝太多水。因为大量水分进入血液会加重心脏和肾脏的负担，而且可能会出现水中毒的现象。应在运动中和运动后补充适量的淡盐水，以补充随着汗水而流失的水分和无机盐。

俗话说，玉不琢不成器。无论是运动还是人生，家长们不可能永远在场，为孩子们包办一切。只有让孩子们亲身经历磨炼，才会懂得如何准备万全，应对万难。

然而，也有一些父母，不想让孩子受伤，把孩子圈在一定的安全界限内，一旦孩子越出这个范围就如临大敌，比如孩子跑一下，就怕他磕着碰着；孩子参加对抗性强一点的体育活动，就高度紧张，生怕孩子在运动中受伤……这些我们都可以理解。

但是，仅因为这些就干脆一刀切，禁止他们参加各类运动，则是矫枉过正了。在不知不觉中，家长们"一不小心"反而成了孩子们健康成长路上最大的"拦路虎"。

事实上，运动锻炼本身就是一种在适度的范围内挑战自我极限的行为，只要认真学习把握好科学的方式，不仅能把受伤的风险降到最低，让孩子们的身体素质循序渐进地提升，还能在这一过程中培养出不惧挑战和辨别危险的品质和能力。

届时，即使是孩子们自己，也能画出一个更大的、同样安全的，却能让自己自由飞翔的圈子。相信各位家长们也会乐见其成。

当然，这一过程中必不可少的，便是家长们的鼓励支持和积极引导。如果家长能以身作则，教会孩子们科学正确的运动方式和习惯，问题终将迎刃而解。

最后，作为父母，我们与其把孩子们小心翼翼地"栽培"在温室之中，还不如带领着孩子走向外面的世界，在经验丰富的家长们的指引下，逐渐见惯风云变幻，充分吸取阳光雨露，相信在未来，这样的孩子们都能成长为参天大树！

当孩子遭遇校园欺凌时，该怎么引导他保护自己

作为父母，我们都知道，被尊重是做人的基本权利，我们的孩子也应该有这一权利，无论他们出生于怎样的家庭，无论成绩是否优异、长相是否出众，每个孩子都有被尊重的权利。然而，近些年，在校园中，频频出现孩子被践踏尊严的现象。

校园欺凌实际上是指孩子们之间权力不平等的欺凌与压迫，它一直长期存在在校园中，发生在这些同学间欺压的行为，可能包括肢体或言语的攻击、人际互动中的抗拒及排挤，也有可能是类似性骚扰般的谈论，对别人的性别或对身体部位的嘲讽、评论或讥笑。

校园欺凌最可能发生的时间是上、下学途中；午休时间、课间休息、体育课。最可能发生的地点是厕所、角落、僻静之地。

近期一位妈妈上传了一段视频，因为视频触目惊心，很快引起了广大网友的关注。

这段视频只有一分多钟，视频上，一个约莫十四五岁的女孩被扒光了上身衣服，裤子也被褪到了小腿上，大半个身体都是赤裸的，所有的隐私部位都暴露无遗，另一个年纪差不多的女孩一边骂一边猛踢她的下身，看得人心惊胆战，而旁观者和录像的人却能够一直稳如泰山，不能不让人惊讶：现在的孩子都怎么了？

这位妈妈发文哭泣着说："救救我的女儿吧。"

其实，这样的校园欺凌现象在未成年学生中并不是个例，根据媒体不完全报道，全国类似欺凌事件、有视频图像的屡见不鲜，校园暴力事件频发让"校园欺凌"现象屡被舆论提及。

无独有偶，在某山区中学，一位13岁的女孩被同校学生拉出校外暴打致死；还有一位初二女生在补课返校途中，倒在了血泊里……社交媒体的发达，使得更多校园暴力事件得以记录、曝光。

有人说，这是因为青春期的躁动，使一些青少年过于冲动，做出不理性的事。其实不然，就是因为这样的犯错成本太低，让这一类事件屡屡发生，大有越演越烈之势。

很多未成年人产生疑问，遭遇校园欺凌，如何求助于人呢？

对此，我们要告诉孩子：

勇敢是最优秀的品质之一，解决问题的最好办法就是拿起法律的武器，作为学生的你要明确，依靠法律是预防侵害的首要原则，是自我保护的必备武器。

你不仅要知法懂法，还要运用法律知识。要弄清什么是合法，什么是违法；什么是无罪，什么是犯罪；什么是自己的义务、权利和合法权益，什么是受到侵害。还要弄清家庭、学校、社会、司法对未成年人保护的内容和法律责任。

依靠法律，必须用法。要依法履行自己的义务和行使权利，并在违法犯罪行为对自己形成侵害时，能够依靠法律手段进行自我保护。要做到：一是克服"害怕对方报复，干脆自认倒霉"的错误思想；二是克服"管他三七二十一，我私下找人报复"的错误做法。总之，就是要在法律允许的范围内自我保护，而不能感情用事，采用私下报复打击的手段。

除了依靠法律武器，未成年人如何保护自己也是一个值得探讨的话题，专家称，懦弱、内向的孩子更容易遭遇校园欺凌，当然，其中也与家庭教育有关系，通常一个懦弱的孩子背后，都站着一个不敢公开保护孩子、不能给予孩子足够支持的父亲或是母亲，或是父母双亲。在家庭里得不到支持，这样的孩子会格外害怕与他人发生冲突，一旦遇到冲突发生，多半都会采取逆来顺受的姿态回应,而这样的姿态看在施暴者的眼里,只会助长他们继续暴行的胆量。

当然,除了强身健体外,我们还可以让孩子在课外时间学习一些如跆拳道、散打之类的防身术,随身携带防身武器,另外也要鼓励他们交朋友,尽量集体活动,避开那些危险场所,特别是校园欺凌的常发时间、常发地点。一旦真的遇到这样的暴行,也不要畏惧,不要慌乱,而是要及时寻求帮助。

告诉孩子遇到危险情况要沉着冷静

平时,家长可以在合适的场景下,和孩子们练习,当他碰到了这些常见的危险情况,该如何应对:

1.遇到陌生人请吃东西怎么办

一定要有礼貌地拒绝陌生人给你吃的任何食物,因为里面可能添加了有害的东西,让你不知不觉地就被坏人带走,而爸爸妈妈很可能就永远找不到你了。在拒绝了陌生人的东西后,一定要马上远离他,跑到安全的、自己认识的人身边去。

2.不认识的孩子邀请你去玩怎么办

不管对方年龄比你大还是小,也不管他是不是有困难需要你帮助,一定不能跟他走。特别要注意的是那些拿着玩具来诱惑你的人,如果真的想去玩的话,一定要告诉家人,征得同意并且有自己的家人带着才可以去。如果是加入陌生孩子的圈子里玩,大家一起追追打打,也不能跑到偏僻的地方,一定要保证万一有什么事情,可以叫到熟悉的人。

当陌生人说"是爸爸妈妈的朋友",家长和孩子可以设定一个"亲子密码"，这个密码可以是数字，也可以是昵称，或者是孩子印象深刻的任何问题。家长要和孩子约定，如果陌生人以孩子父母的朋友或亲属名义想把他带走时，孩子一定要先问他密码，如果陌生人答不出，孩子就要尽快想办法脱身。

3.陌生人让你带路怎么办

如果陌生人要你领路，一定要马上拒绝，可以建议他走到路口去问警察、保安，或者其他大人。你一定不能离开熟悉的人的视线，如果陌生人再纠缠你，你可以大声呼喊，引起别人的注意。

4.独自在家，有陌生人敲门怎么办

可以把家里的电视音量调高，让他人以为家里有大人。同时马上给爸爸妈妈打电话，不要轻易相信所谓的电工、煤气工、快递员，或者声称是爸爸妈妈同事的人，在爸爸妈妈回来之前，不要给任何人开门。

在日常生活中我们要让孩子记住几点守则：

（1）有人要强行带自己走的时候，大声喊救命并迅速逃离这个人。观察周围是否有认识的人，跑到人多的安全地带寻求帮助。

（2）在明亮、开阔的地方和小朋友一起玩。

（3）当有陌生人问名字、住址和电话时，决不告诉他。

（4）认识的人要带自己走也不能走，要先得到爸爸妈妈的同意。

（5）一个人在家的时候一定要锁好门。

（6）一个人在家的时候，无论谁来敲门都装作家里没有人。

（7）每天发生的事情都跟爸爸、妈妈说。

太多的悲惨事例告诉我们，关乎孩子人身安全的事情，半点不能侥幸，有时可能只是一念之差，一时疏忽，造成的后果却是无法挽回的。

第03章

正视心理健康问题，不给孩子的成长留下隐患

作为父母，我们都"望子成龙""望女成凤"，都希望孩子能出类拔萃，但这并不是家庭教育的全部内容，孩子毕竟是孩子，我们除了要让孩子学到文化知识和生存技能外，还要时刻关注他们的心理健康。另外，我们还要掌握孩子的独特心理、了解他们的成长困惑，掌握一些打开孩子心门的方法，只有这样，才能有的放矢地帮助孩子解决在成长中遇到的困惑，使其快乐无忧地成长。

成长期孩子的心理健康问题不可忽视

我们不得不承认,孩子在成长的过程中,总是会遇到这样那样的问题,这需要身为父母的我们进行引导,对孩子脆弱的心灵进行呵护。然而,一些父母认为,教育孩子,只要让他们努力学习即可。实际上,学习知识只是对孩子教育的一个方面而已,家庭教育的一个重要职责是让孩子拥有健康的心理素质和独立完善的人格,否则,孩子是永远无法独立于世的。

据媒体报道,某中学一名女生,学习成绩很好,平时乐于助人、人缘关系不错,老师和同学都很喜欢她。

但有一次,一个学习成绩差的同学求她帮忙,让她帮忙作弊,谁料没有作弊过的她因为紧张过度被老师发现,最终被老师赶出考场。事后,她对这件事一直耿耿于怀,最后羞愧难当,跳江自杀身亡了。对这名女中学生自杀事件,人们从各个角度在报纸上展开了大量讨论,谈得最多的还是孩子的心理健康问题。

我们的孩子将来会生活在一个更多变化的社会,他们将会面对职场的激烈竞争、复杂的人际关系,也免不了遭遇情场失意、事业困境,生意失败……总有一天,我们要先我们的孩子而去,如果孩子没有过硬的心理素质和健康的心理状态,如何在这样激烈的竞争中取胜呢?

所以，我们作为父母，要时刻观察孩子的行为动态和心理变化，关注他们的心理健康，一旦发现他们出现了心理问题的苗头，就要及时做好指路人，帮孩子疏导心理问题，以防问题积压，酿成大错。

作为家长，我们可以这样做：

1.为孩子营造和谐的家庭环境

父母、家庭成员之间相亲相爱、关系和谐，这是解决孩子所有心理问题的前提，事实上，在这样的环境下成长的孩子出现心理问题的几率更小。对此，专家建议，家长应为孩子提供一个安定、和谐、温馨的家庭氛围，要让孩子一颗纷乱的心安定下来，这样孩子才会接受来自父母的帮助。

2.压力是百病之源，帮孩子卸下心理压力

曾经有这样一则调查报告，报告称：在被访的中学生中，35%的学生称"做中学生很累"，有34%的学生表示有时"因功课太多而忍不住想哭"。对于孩子遇到的高强度的学习压力，不少父母给予的并不是理解，而是继续施压。让很多父母恐慌的是，在被调查的学生中，竟然还有1/5的学生有过"不想学习想自杀"的念头。可见，父母要注意观察孩子的状态，适当与孩子谈谈烦恼，帮助孩子排解心理压力。

3.随时观察孩子的情绪和心理变化

在生活中，我们父母不要只关心孩子的学习成绩、名次，也要关心他们的情绪变化。比如孩子在学校有没有受到什么委屈，学习上是不是有挫败感，最近跟哪些人打交道等。当然，了解这些问题，我们要通过正面与孩子沟通的方法，不要命令孩子告知，也不可窥探，只有让孩子真正感受到来自父母的关心，他们才愿意向你倾诉想法。

事实上，我们的孩子都是脆弱的、敏感的、容易受伤的，当孩子出现不良情绪时，你要让孩子尽情宣泄，而不是劝孩子"别哭别哭""男孩子不能哭"这样的话。告诉孩子："我知道你很难过。"什么都不说也可以，给孩子独处的空间和时间去消化自己的情绪，帮孩子轻轻带上门就好。

4.在生活中着力培养孩子的意志力

曾经有篇报道，内容是一个中学男孩，其父母都是老师，在小学时，他的成绩一直名列前茅，从来都没有考试失利过，随后顺利考入某重点中学，但入学后，这所学校和他一样的尖子生比比皆是，他也就很难再独占鳌头，于是，他在一次考试失利后，选择了离家出走。

现在的孩子的心理承受能力越来越差。在学习方面，过分注重自己的学习成绩，只要一次考试成绩不理想，就万分难过，甚至开始讨厌读书学习；人际关系方面，他们把自己封锁起来，不知道怎么与同学、老师打交道；被老师、家长偶尔批评一次就产生逆反情绪而离家出走等，这些都是孩子输不起的表现。

然而，这些问题，"病"在儿女，"根"在父母。父母对孩子过多的照顾和过度的保护，使孩子无法得到磨炼，没有经受困难与挫折的心理准备和能力。表面上看，这些孩子个性十足，其实内心十分脆弱，就像剥离的蛋壳，稍一用力，就成了碎片。因此，父母要注意培养孩子的意志力和受挫力，直面挫折。

如何判断孩子是否患有心理疾病

张女士发现，女儿晗晗最近总是失眠，晚上熬到三点多才能勉强睡去，可是，一会儿又会自己醒来；上课的时候，也开始注意力不集中，老师讲的内容听不进去，大脑一片空白。一回到家，她就自己关上房门，有几次，张女士看到女儿莫名地流泪，问她什么，她也不说，只是告诉张女士："我好累。"起先，张女士并没有在意，以为女儿可能是最近学习压力大了，心想带女儿出去逛逛街，情况应该会有所好转，但事实并不是如此。最后，无奈的情况下，张女士带着女儿来看心理医生。

晗晗告诉医生："我从不认为自己很差，但我觉得自己像'白开水'。我感觉自己既不是很可爱也不是不可爱，觉得自己没有任何特别的地方。小时候，我常受到父母的忽视。他们虽从未虐待过我，但也没有关注过我。由于生活中没有人在乎过我，这使我产生了空虚感。"

心理医生后来告诉张女士，原来晗晗患了抑郁症，庆幸的是，病情还不是很严重，经过几个月的治疗与疏解，晗晗的情况改善了很多。

晗晗的情况并不是个案，不少孩子都遇到过，而作为父母的我们也为此担心。近年来，各类媒体报道经常出现一幕幕以孩子为主角的悲剧：孩子轻则不与人交流、自闭，重则砍杀父母、自虐自杀……一宗宗骇人听闻的报道，让我们触目惊心、入耳心寒。孩子原本是父母和祖国未来的希望，何以会出现上述令大家匪夷所思的行为呢？其实这是因为我们的孩子有了心理疾病。

近年来，家长、教师及一些专家和心理医生都发现，越来越多的孩子经常出现头疼、失眠、记忆力减退等神经衰弱的情况。这都是心理疾病的症状。专家认为，孩子有心理疾病，会在行为、言语、生活习惯上展现出来，并且，心理疾病有低龄化的趋势，这应该引起老师和家长的重视，孩子在生活中的许多小毛病，可能会导致大问题的发生。

专家建议家长要注意孩子在生活中的行为变化，多和孩子沟通，看看孩子是否有心理障碍。

1.抑郁症

抑郁症的表现有：大部分时间感到沮丧或忧愁；缺乏活力，总是感到累；对以前喜欢做的事情缺乏兴趣；体重急剧增加或急剧下降；睡眠方式发生巨大改变（不能入睡、长睡不醒或很早起床）；有犯罪感或无用感；无法解释的疼痛（甚至身体上没有任何毛病）；悲观或漠然（对现在和将来的任何事情都毫不关心）；有死亡或自杀的想法。

心理专家认为，能否敞开心扉是抑郁症患者能否摆脱抑郁的关键。作为家长，要在生活中多观察你的孩子，如果孩子有以上症状，表明你的孩子抑郁了，你要帮助孩子敞开心扉，必要的情况下要带孩子咨询心理医生。

2.焦虑症

焦虑症多表现为易紧张、烦恼、焦虑。

3.强迫症

强迫症多表现为敏感多疑、过分克制、思虑过多、优柔寡断、注重细节、做事要求十全十美。生活中，如果你的孩子总是重复做同一件事且无法停止时，就有可能患上了强迫症，精神医学家又称之为强迫性神经症。它是指以强迫观念和强迫动作为主要表现的一种神经症。

4.恐怖症

恐怖症表现为性格怯懦、胆小害怕、内心总有不安全感。

我们还应特别注意观察孩子有没有"心理问题躯体化"的表现，所谓"心理问题躯体化"，就是孩子的一些心理问题会表现为身体上的不适，比如出现紧张、焦虑等不良情绪后，告诉家长或医生的则是头疼、失眠、胃不舒服、没精神等。

另外，一些孩子在出现心理问题前，还存在一定人格上的缺陷，发病则与心理、社会因素有关。比如，强迫症多数是由精神创伤或紧张、痛苦的心理压力诱发的。所以从小开始培养孩子具有健康的人格十分重要。

总而言之，不管你的孩子现在多大，只要发现孩子出现行为异常、学习困难、睡眠障碍、性格缺陷、情感障碍、社交不良、性角色偏差等情况，都应该及时带孩子去心理门诊，请心理医生和你一起关注孩子的心理发展，帮助孩子健康成长。

什么是儿童孤独症

在家庭教育中，我们很多父母发现，那些活泼的孩子往往口齿伶俐、表达能力强，而一些内向、不善表达的孩子，在学习能力和思维能力上也有所欠缺，学习成绩往往也不理想。为此，教育专家提出，培养孩子积极阳光的个性，对于提升孩子的智力水平大有裨益。然而，还有这样一些家长，他们为孩子不开口说话、封闭在自己的世界里而感到苦恼，更别说奢望孩子能有好的学习成绩和人际关系了。

对此，教育心理学家认为，如果孩子存在不同程度的言语发育障碍、人际交往障碍、兴趣狭窄和行为方式刻板等，很有可能是患了儿童孤独症。

那么，什么是儿童孤独症呢？

儿童孤独症是广泛性发育障碍的一种亚型，以男孩多见，起病于婴幼儿期。约有3/4的患者伴有明显的精神发育迟滞，部分患儿在一般性智力落后的背景下某方面具有较好的能力。

该病患病率3~4例/万。但据统计，最近几年来，患病率呈现增高的趋势，据美国国立卫生研究院精神健康研究所（NIMH）的数据，美国孤独症患病率在1‰~2‰。国内未见孤独症的全国流调数据，只有部分地区的调查数据，比如，2010年报道，广东孤独症患病率为0.67%，深圳地区高达1.32%。

虽然孤独症的病因还不完全清楚，但目前的研究表明，某些危险因素可能同孤独症的发病相关。比如：

1.遗传

遗传因素在孤独症的发病机制中占有很大的比例，但具体遗传方式暂时未发现。

2.产期因素

产期各种并发症，如产伤、宫内窒息等。

3.免疫系统异常

研究中，在孤独症患者中发现T淋巴细胞数量减少，辅助T细胞和B细胞数量减少、抑制—诱导T细胞缺乏、自然杀伤细胞活性减低等。

4.神经内分泌和神经递质

与多种神经内分泌和神经递质功能失调有关。研究发现孤独症患者的单胺系统，如5-羟色胺（5-HT）和儿茶酚胺发育不成熟，松果体-丘脑下部-垂体-肾上腺轴异常，导致5-HT、内啡肽增加，促肾上腺皮质激素（ACTH）分泌减少。

那么，自闭症儿童有什么表现呢?

第一，语言障碍。语言与交流障碍是孤独症的主要症状，是大多数儿童就诊的主要原因。语言与交流障碍可以表现为多种形式，多数自闭症儿童有语言发育延迟或障碍，通常在两岁和三岁时仍然不会说话，或者在正常语言发育后出现语言倒退，在2~3岁以前有表达性语言，随着年龄增长逐渐减少，甚至完全丧失，终身沉默不语或在极少数情况下使用有限的语言。他们对语言的感受和表达运用能力均存在某种程度的障碍。

第二，社会交往障碍。患者不能与他人建立正常的人际关系。年幼时即表现出与别人无目光对视，表情贫乏，缺乏期待父母和他人拥抱、爱抚的表情或姿态，也无享受到爱抚时的愉快表情，甚至对父母和别人的拥抱、爱抚予以拒绝。分不清亲疏关系，对待亲人与对待其他人都是同样的态度。不能与父母建立正常的依恋关系，患者与同龄儿童之间难以建立正常的伙伴关系，例如，在幼儿园多独处，不喜欢与同伴一起玩耍；看见一些儿童在一起兴致勃勃地做游戏时，没有去观看的兴趣或去参与的愿望。

第三，兴趣范围狭窄和刻板的行为模式。患者对于正常儿童喜欢玩的游戏都提不起兴趣，而对于那些非玩具性的物品，如一个瓶盖，或观察转动的电风扇等，可以持续关注很久，短则十几分钟，长达几个小时。对玩具的主要特征不感兴趣，却十分关注非主要特征。患者有一些强迫症状，比如进入房间要看到床上被子都要保持不变，出门在外要保持固定的行程路线，如果这些固定的活动被更改或者限制，患者会表现出明显的不愉快和焦虑情绪，甚至出现反抗行为。

患儿在日常行为中常表现出动作重复的特点，比如反复拍手、跺脚、转圈、用舌舔墙壁等。

第四，智能障碍。在自闭症儿童中，智力水平参差不齐，一些患者在正常智力范围内，而一些患者则表现不同程度的智力障碍。

国内外一项研究中，对一些自闭症儿童进行了智力测验，发现其中一半的患儿有中度以上的智力缺陷（智商小于50），1/4为轻度智力缺陷（智商为50～69），另外1/4智力在正常（智商大于70），智力正常的被称为高功能孤独症。

总的来说，作为父母要注意，如果你的孩子性格内向且伴有以上表现，那么，你一定要警惕，孩子是否患有儿童孤独症，不可小觑。

有自闭倾向的孩子如何引导

生活中，当有些家长在埋怨孩子贪玩、不专心学习、太依赖人的时候，也有家长正在为他们的孩子不说话，不理人，行为怪僻而万分苦恼着。对于第二种孩子，他们的表现有可能是一种自闭倾向。

那么，孩子为什么会出现自闭倾向呢？

很多家长错误地把孩子的内向胆小当作一个大的缺点来对待，急于纠正，但又方法不当，常常人前人后地提醒孩子。有的还强迫孩子在陌生人面前表现自己，当孩子不肯表现的时候，为了给自己一个台阶下，又当着别人的面说孩子内向胆小。这样不但不能纠正孩子的胆小怕羞，反而会加重孩子的内心体验，使孩子变得更加的内向胆小。

我们来看下面的案例：

6岁的小雨是个胆小怕羞的孩子。一天她随妈妈出门，遇见了妈妈的一位朋友。妈妈与朋友攀谈起来，小雨胆怯地躲在妈妈身后，低头吸着大拇指。妈妈说："小雨，这是丁阿姨，问阿姨好。"

小雨只是抬头看了阿姨一眼，就又低下头，继续吸她的手指。妈妈好言相哄，让小雨问好，但小雨只是摇头。妈妈感到尴尬，可又不好在朋友面前发作，只好向她的朋友道歉说："小雨是个胆怯的孩子，我想她是不好意思。"

妈妈这么一说，无疑强化了小雨的胆小怕羞。

其实，孩子有自闭倾向很有可能是不良教养方式导致的结果。如父母自身对手机有依赖，对孩子教养非常不利，父母应纠正自身教养方式。

具体来说，可以遵循以下几点建议：

1.帮助孩子树立自信心

有自闭倾向的孩子往往有自卑的心理特点，对自己是否有能力完成某些事情表示怀疑，结果可能会由于心理紧张、拘谨，使得原本可以做好的事情做糟了，久而久之，他们就会封闭内心了、不再尝试了。

因此，父母要教导孩子在做事情之前为自己打气，相信自己有能力发挥自己的水平，然后按照自己的想法去努力就可以了。

2.经常和孩子沟通

和孩子沟通，能让孩子感觉到这个世界上只有他一个人。就算他不愿意多说，也要不厌其烦地去说。

3.多带孩子出去玩

让孩子多接触大自然，会让孩子感到心情开阔，心里会慢慢地放松，从自己的世界走出来。

4.扩大孩子的接触面

一般来说，自闭的孩子面对众多目光只是觉得不安，并非讨厌赞美和掌声。因此，家长应有意识地扩大孩子接触面，让孩子经常面对陌生的人与环境，逐渐减轻不安心理。闲暇时，带孩子和邻居聊上几句，带孩子与同龄朋友一起玩耍，建立友谊；购物时可以让孩子帮忙付钱；节假日，一家人背上行囊去旅游，让孩子置身于川流不息的游客中……随着见识的增长，孩子面对别人的目光时，便会多几分坦然。

5.多让孩子看一些英雄故事

这样可以激励孩子的英雄气概，让他懂得帮助别人是一件多么有意义的事情。

6.不要动辄训斥孩子

千万不要因为孩子的行为而训斥孩子，因为这样的孩子你越是没耐心，他就越是容易把自己关起来。

另外，当孩子不能大方与人交流时，父母不要斥责孩子。

一些内向的孩子在与人交往时表现出扭捏、胆小，且自信心不足，父母一味指责只会让孩子的自信心再次受到打击。可以想象，一个自信心严重受创的孩子，又怎么可能变得开朗大方呢？

7.多鼓励孩子在众人面前表演

有了家长的肯定，如果再加上外人广泛的认可，孩子的自信心会得到强化。带孩子走出小家，鼓励他迎着外人的目光勇敢地展示自己，这个过程需要的时间可能较长，孩子的表现也会有反复，家长应有充分的心理准备。不妨先从孩子较为熟悉的环境入手，亲友聚会是个不错的选择，面对熟识的人孩子会比较放松。

另外，教育专家建议，对于年幼的、内向的、有自闭倾向的孩子，父母最好激发起孩子改变的意愿，这需要父母寓教于乐、从孩子喜欢的游戏活动入手，无论对于什么性格类型的孩子，喜欢玩都是他们的天性。当然，我们要循循善诱，不可强求孩子参与到游戏中，尤其是有其他人在场的情况下，众人期盼的目光或是善意的笑声都有可能加重孩子的排斥心理。如果孩子还是拒绝，家长不要再施加压力，给孩子个台阶下："是不是今天没有准备好呀？那下次准备好时再表演吧。"同时，为了减轻孩子的负面情绪，还可以给他一个微笑或拥抱，或找出别的理由对孩子进行肯定。

发现孩子有抑郁症状该怎么办

为人父母，我们都希望孩子能快乐、健康地成长，这也是我们最大的心愿，然而，一些父母发现，孩子莫名其妙地悲伤、对什么都提不起兴趣。此时，大部分父母可能认为孩子只是情绪差而已，殊不知，你的孩子有可能正在被抑郁症侵蚀。教育心理学家告诉我们，抑郁情绪已经成了儿童和青少年健康成长的重要障碍之一。

有研究指出，大约有16%的儿童和青少年患有儿童抑郁症，不过未成年人的抑郁症与成年人的表现又是不同的。那么，未成年人抑郁症的表现有哪些？下面是相关专家作出的详细解答。

抑郁的表现形式各有不同，对孩子影响最普遍的形式是：

大部分时间感到沮丧或忧愁；

缺乏活力，总是感到累；

对以前喜欢做的事情缺乏兴趣；

体重急剧增加或急剧下降；

睡眠方式的巨大改变（不能入睡、长睡不醒或很早起床）；

有犯罪感或无用感；

无法解释的疼痛（甚至身体上没有任何毛病）；

悲观或漠然（对现在和将来的任何事情都毫不关心）；

有死亡或自杀的想法。

生活中，不少孩子也可能会出现其他症状。由于对学习缺乏兴趣和动力，他们在学校的问题会越来越多。他们也可能拒绝管教，开始逃课，以此来表达他们的愤怒和漠视。总之，任何形式的抑郁都使孩子感到孤立、恐惧和非常不快乐。抑郁的孩子不知道自己哪里不对，他只知道自己的感觉糟透了，不像以前的自己。当他感觉越来越糟的时候，他会感到自己越来越没有力量：不能控制自己的心情和生活，好像有一种神奇的东西在控制自己。

可见，抑郁这种消极心态对孩子的成长有着很大的影响，家长帮助孩子赶走抑郁刻不容缓，这样才会让孩子重新找回快乐。

那么，家长应该怎样做呢？

1.引导孩子培养广泛的爱好

开朗乐观的孩子，一定也是个爱好广泛的孩子，而如果孩子只有一种爱好，那他很容易因为暂时无法拥有这一爱好而不快乐，比如，对于只爱看动画片的孩子来说，如果这天晚上不会播放动画片，他就会不快乐、生气等；相反，假如他还喜欢喜欢跑步、照顾小动物或者看书的话，那么他的生活将变得更为丰富多彩，由此他也会更快乐。

2.引导孩子摆脱困境

即便是那些天性乐观的孩子，也不可能万事顺心，但是大部分的孩子遇到了困境能自我调节，将内心的失意与不快消化掉。我们父母最好能在平时的生活中着力培养孩子应对困境的能力，如果孩子暂时无法摆脱，那么，可以让孩子学会忍耐，做到随遇而安。

3.让孩子拥有自信十分重要

自卑的孩子不会开朗、乐观，自信的人才会快乐。对于那些内心自卑且不快乐的孩子，父母一定要在生活中发现他们的长处，及时给予赞扬和鼓励，逐步帮助孩子克服自卑、建立自信。

4.不要对孩子"控制"过严

不妨让孩子在不同的年龄段拥有不同的选择权。如，允许2岁的孩子选择午餐吃什么，允许3岁的孩子选择上街时穿什么衣服，允许4岁的孩子选择假日去什么地方玩，允许5岁的孩子选择买什么玩具，允许6岁的孩子选择看什么电视节目……只有从小就享有选择"民主"的孩子，才会感到快乐自立。

5.鼓励孩子多交朋友

不善交际的孩子大多性格内向，因为享受不到友情的温暖而孤独痛苦。性格内向、抑郁的孩子更应多交一些性格开朗、乐观的同龄朋友。

6.教会孩子与他人融洽相处

与他人融洽相处有助于培养快乐的性格。父母可以带孩子接触不同年龄、性别、性格、职业和社会地位的人，让他们学会与不同的人融洽相处。此外，父母自己应与他人相处融洽，热情待客、真诚待人，给孩子树立起好榜样。

所以，作为家长，当你发现孩子有一些抑郁症状时，应引起重视，多鼓励孩子，发现并表扬孩子的优点，树立孩子的自信心。家长可为孩子选择幽默、笑话、歌舞等类的影视节目或图画书，建立轻松愉悦的生活环境。让孩子记录自己的优点，记录一些愉快的事情，并每天拿出来看一看，建立自信。

如何帮助孩子摆脱自卑

对于孩子来说，他们大部分的时间都生活在集体中，自然很容易把自己和周围的朋友、同学相比，当自己的某一方面不如他们的时候，自卑感油然而生，把这种不如人的想法积压在心中，甚至不愿意与朋友、同学相处。因此，他往往很敏感，对他人抱有很大的戒心和敌意，不信任别人，芝麻绿豆大的小事也会引发一场轩然大波。

在周围人看来，小宇是个特别自信的男孩，每当有人问起"你为什么这么自信"时，小宇都要讲起小时候的故事。

从小到大，父母都特别爱他，他们觉得自己的儿子是个很优秀的男子汉。小宇嫌自己个子比同龄人高太多，父母说正好可以去打篮球；一当众说话就脸红，父母说害羞是一种美德；小宇学习画画，却画得乱七八糟，父母满不在乎地笑笑说："可你的歌唱得特别棒啊，每个人都有长处。你再练练画画，如果不行，就不画了。"小宇想当记者，父母的第一反应就是："以后准备去央视，还是哪个卫视？"而到现在，小宇已经在一家知名的文化单位找到了满意的工作，他始终是个特别自信、特别阳光、性格开朗、人缘关系好的男孩。

这里，我们看到了一个害羞的男孩在父母的教育下逐步变得自信起来。对于成长期的孩子来说，他们之所以会有自卑心态，通常是因为三个方面的原因：学习成绩不如人、家庭条件不如人或者身体上的缺陷等。那么，作为家长，我们该如何帮助孩子消除自卑呢？

1.鼓励孩子以自己的方式追求自我

成长期尤其是青春期的孩子都标榜个性张扬、个性解放，他们有自己喜欢的发型、音乐、明星、服装等。而有些父母是无法接受甚至看不惯孩子的这种表达个性的方式的，他们有自己的审美眼光，他们会认为孩子的这种行为是哗众取宠，认为孩子不可理喻。而实际上，这是孩子内心世界的一种表达，是疏导青春期不良情绪的一种方法，而如果家长加以压制，表面上看，你的孩子会听话、懂事，但实际上，他们会觉得自己落伍了、掉队了，也很容易产生自卑情绪。例如，别人无意间说一句"你穿的衣服真土"，孩子就会怀疑自己穿衣品位和审美眼光，不仅如此，孩子还会产生郁闷、愤怒等情绪。

2.教孩子掌握一些消除自卑的方法

其实，每个孩子身上都有优点和潜能，你需要教会孩子懂得自我发现并发挥出来，那么，他就能自信起来。你不妨告诉孩子以下方法：

想一想：对于挫折，你要换个角度来想，挫折和失败是对人的意志、决心和勇气的锻炼。人是在经过了千锤百炼后才成熟起来的，重要的是吸取教训，不犯或少犯重复性的错误。

比一比：与同学、好友相比，这没错，但不能只看到自己的缺点和不如人的地方，你要这样想："我虽说比上不足，但比下有余。"及时调整心态，以保持心理平衡。不因小败而失去信心，不因小挫折而伤掉锐气。

走一走：到野外郊游，到海边走走，散散心，回归自然，荡涤一下心中的烦恼，清理一下浑浊的思绪，净化一下心灵的尘埃，找回失去的理智和信心。

作为家长，我们都知道，如果我们总是用消极的心态对待事情，那不但什么事情都做不好，而且还会使自己产生无能、绝望的情绪。所以，在日常的生活中，家长就应时刻引导孩子，遇事要多向积极的方面考虑，用乐观的心态看待一切事情等。当孩子拥有积极的心态后，他们往往就能很自然地保持积极的自我情感体验了。

内心孤独的孩子，更容易产生心理问题

张女士是一名企业领导，可谓是典型的事业女强人，在单位颇受尊重，她希望女儿将来也能和自己一样出色，所以她在女儿很小的时候就开始为她规划人生了。女儿一直是大家公认的乖乖女，但不知从什么时候起，女儿好像变得孤僻了，再也不愿和自己包括周围的长辈们说话了。

最近一段时间，张女士还发现，女儿的书包里好像多了一本日记，难道女儿有什么秘密？不会是交了男朋友吧？怀着强烈的好奇心，一个周末，张女士趁女儿不在家，看了日记，令张女士意外的是，女儿并没有什么秘密，日记的内容只不过是学习压力的倾诉以及与好朋友相处的过程中遇到的问题。

看到这些，张女士悬着的心终于放下了，但从这件事之后，细心的女儿居然给日记上了锁，这让张女士又产生了很多疑问。

案例中张女士的教育方法很明显不恰当，还会引起孩子的反感。有时候，孩子写日记，不是因为孩子有什么见不得人的秘密，只是他们需要找一个倾诉的对象。

不少父母感叹，孩子一旦长大了，就不愿意再向自己倾诉了，他们对于以前父母灌输给自己的种种思想也产生怀疑，甚至不再相信大人。因此，他们既觉得孤独，又需要一个倾诉的对象。此时，他们会选择一个完全属于自己、父母不会干涉到的空间，并将属于自己的心情、小秘密都倾诉出来，于是，他们会锁上房门，打开自己的那本日记本，将一天中遇到的快乐的、不快的、激动的、气愤的、伤心的事情都写下来，当他写完起身时，发现心情平复了，感觉也好多了，虽然可能问题还是存在，事情未有转机，但他已经把极端的情绪从体内部分地转移到了日记本上，心里便轻松了许多。

作为父母，我们除了要尊重孩子的隐私外，还要找到与孩子的沟通方法，只有这样，才能让孩子对你敞开心扉，防止孩子因为孤独而产生心理问题。以下是给父母的几点建议：

1.了解孩子身心发展的过程和特点

的确，孩子在成长的过程中很容易出现各种问题，包括变得孤僻，但对此，家长不必焦虑，而应该调整心态，以平常心对待，否则反而会影响亲子关系。

2.改变以往的教养方式

我们不再以对待小孩子的方式对待正在向成人转化的孩子，对孩子要有尊重的意识，孩子是一个独立的个体，不能以自己的想法代替孩子的想法，所以要学会倾听孩子的心声，而不是一味地管教。这样才能化解孩子的对立情绪，让孩子愿意把心里话说出来。

3."蹲下来看孩子"

理解孩子就要学会和孩子沟通。怎样沟通？就是"融进去，渗出来"。有一个故事说：

有一位国王的儿子生了一种怪病，认为自己是公鸡，别人与他讲话他就学鸡叫。有一个人找到国王说他能治好王子的病。他一看到王子，就钻到桌子底下学鸡叫，两人一下子心意通了，在一起玩、吃、住。慢慢两个人感情深了。突然有一天，这个人说，我要变成人了，王子也说，我也要变成人了。

这个寓言故事很好地阐述了"蹲下来看孩子"的教育理念，也就是说，蹲下来，你才能看到孩子眼睛里的世界，就更容易理解孩子看到了什么，在想些什么。只有这样，才可以达到有效的沟通。

4.尝试与孩子建立起"朋友"的新型关系

随着孩子年龄的增长，他们会产生一系列独立自主的表现：他们要求和成人建立一种不同以往的朋友式的新型关系，迫切要求老师和家长尊重和理解自己，如果家长和老师还把他们当作"小孩"加以监护、奖惩，无视他们的兴趣、爱好，他们可能以相应的方式表示抱怨，甚至产生抗拒的心理。一般来说，孩子一上学以后，就开始疏远父母而更乐于和同龄人交往，寻找志趣相投、说得来的伙伴。他们交往的范围也不断扩大，先在班级中而后可能发展到班外甚至校外。

因此，我们家长不要再把他们当作"小孩子"来对待，要放手让他们独立处理一些事情，尊重他们的意见，信任他们，主动和孩子商量家中的一些事情，满足他们的正当要求。这样，他们便会以朋友的身份与你沟通了！

一定不要忽略孩子的情感需求

日常生活中，我们成人经常提到"情绪"这一词，其实，这是心理学术语。情绪是人与生俱来的心理反应，有愤怒、恐惧、悲伤、快乐。这如同绘画中红、黄、蓝三原色，其不同的组合构成人的各种情绪状态。每个人都有情绪，我们的孩子也是，他们也有自己的情绪，只是有些孩子表达的方式比较温和、有的比较强烈。

我们教育孩子，不仅是要让孩子掌握知识、练就生存和发展的本领，还应帮助孩子掌握快乐的要领，其中就包括帮助他们学会表达情绪。当然，科学帮助孩子疏导情绪的第一步就是要及早重视孩子的情感要求。

从儿童心理发展的角度来看，对自己情绪体验得越多，孩子的心态发展越成熟。每一次强烈情绪的经历，都是一次宝贵的经验。如果我们允许儿童完整地体验自己的情绪，接纳并认可自己的感受，有助于他们认知事物、总结规律、吸取经验，有助于他们今后遇到同类境况时做出理智的分析和恰当的反应，有助于他们获得坚实的自信心。

相反，假如我们不允许甚至是遏制孩子体验或表达情绪，并非意味着他们面对同样状况时就没有情绪了，我们只是暂时地压抑了孩子的情绪。孩子也会感受到自己的这些情绪是可憎的，甚至认为自己是可憎的。然而他缺乏控制情绪的能力和经验，强行忍受着内心的煎熬，感到自己无能为力，从而产生自卑。孩子将来长大了，面对内心依然会产生的强烈情绪反应，那时他会感到不知所措，也会感到羞愧难当；既不知道怎样表达，也不知道怎样处理。压抑良久，会导致各种心理问题。

帮助孩子认识和表达情绪，我们可以遵循这几个步骤：

1.教孩子学会表达自己的感觉

在日常生活中，父母可以多和孩子聊天，或适时地问孩子："你现在是什么感觉啊？""你喜不喜欢？""什么事情让你这么生气？"还可以通过讲故事、编故事、角色扮演等游戏教给孩子疏导情绪的方法。有时还可以通过交换日记、写纸条的方式说说高兴和不高兴的事。如此一来，孩子也就逐渐学会如何用"讲道理"的方式表达自己的心情。

2.让孩子认识情绪，表达情绪

通过亲子之间的对话让孩子正确认识各种情绪，说出自己心里此时此刻真实的感受。只有知所想，才能知何解。平时，父母可以在自己或他人有情绪的时候，趁机向孩子表达"妈妈好高兴哦""我很伤心"等，让孩子知道原来人是有那么多情绪的，还可以通过句子"妈妈很生气，因为……""我感到有点难过，是因为……"来告诉孩子自己的情绪来源，同时也可以问孩子，"你是什么感觉？""妈妈看见你很生气、难过，能告诉我发生了什么事吗？"通过对话来引导孩子表达自己的情绪及发现自己情绪产生的原因，有利于提高孩子的情绪敏感度。

3.培养孩子体察他人情绪的能力

对于这一点，我们可以通过游戏的方式帮助孩子获得。我们可以让孩子在丰富多彩的游戏活动中体验自己的情绪，感受别人的情绪，知道自己和他人的需要。除了父母与孩子要交流自己的情绪感受外，还可以通过说故事编故事、角色扮演、和孩子讨论故事中人物的感觉和前因后果，以及利用周围的人、事物来引导孩子设想他人的情绪和想法。从他人的情绪反应中，孩子会逐渐领悟到积极情绪能让自己和对方快乐，消极情绪会给自己和对方造成痛苦，不利于事情的解决。

4.教会孩子适当宣泄不良情绪

人在精神压抑的时候，如果不寻找发泄机会来宣泄情绪，会导致身心受到损害。生理学研究表明，人的泪水中含有的毒素比较多，用泪水喂养小白鼠会导致癌症。可见，在悲伤时用力压抑自己，忍住泪水是不合适的。另外，在愤怒的时候，适当的宣泄是必要的，不一定要采取大发脾气的方法，可以采用其他一些较好的方法。所以，家长不妨引导孩子采取以下方法发泄自己的情绪：比如，在孩子盛怒时，让他去其他地方，或找个体力活来干，或者干脆让他跑一圈，这样就能把因盛怒激发出来的能量释放出来。同时，如果孩子不高兴或是遇到了挫折，你可以把他的注意力转移到其他活动上去。例如：当孩子在厨房里吵闹着要玩小刀时，妈妈可以把他带到一水池的肥皂泡面前分散他的注意，他很快会安静下来。另外，场景的迅速改变也能达到同样的目的——安静地把孩子从厨房带到房间里，那里有许多吸引他注意的东西，玩具恐龙、图书等都可以让他忘记刚才的不愉快。

当然，让孩子发泄自己的情绪，并不意味着家长可以忽视孩子那些不正确的行为。过激的情绪，甚至消极情绪都是生活中很平常的，但是伤害和破坏性的行为是绝对不被允许和容忍的。

情绪无所谓对错，关键是表现的方式是否能被人接受。家长在教育孩子的时候，一定要接受孩子的多面性情绪，引导孩子把消极情绪转化为积极情绪。唯有正视情绪表达的所有面貌，才有可能发展健康的情绪；唯有能够驾驭自己情绪的孩子，才能够成为有自我控制力的孩子！

第 04 章

令人头疼的学习问题，怎样才能让孩子爱上学习

生活中，我们经常听到有些家长抱怨自己孩子的学习问题：苦口婆心地劝说孩子要努力学习才有好的未来，但孩子就是提不起学习兴趣；孩子上课时不是做小动作，就是窃窃私语；一回到家就看电视，一写作业就坐立不安；课后作业马虎了事，甚至时常打折扣……说到底，之所以出现这些问题，都是因为我们没有找到正确的方法，所以，我们要真正了解孩子内心想什么，才能帮助他们端正学习动机，才能让孩子爱上学习、主动学习。

厌学，需要先解决孩子的学习动机问题

在科学技术飞速发展、人类精神文明不断升华、物质文明日益丰富的今天，我们的孩子都要参与未来社会的竞争，能否有个好的学习成绩，关系到他们能不能顺利考入一所好的大学，能否在未来社会上有更强的竞争力。于是，很多父母为了让孩子拥有一个美好未来，都希望孩子能考得好。然而，现实是，不少孩子不但没有认识到学习的重要性，反而产生了厌学情绪，这让很多家长伤透了脑筋。

这天，在下班路上，两位妈妈聊到了孩子的教育问题。

"王姐，最近怎么了，是不是有什么心事？有什么事，我们能帮忙的，就说出来，大家都是朋友。"

"不瞒你说，是我女儿丹丹，我现在几乎每天下班后的工作，就是把她从娱乐场所拉回来。这孩子，自从上了中学以后，就跟变了一个人似的，小学的时候，很爱学习，人家问她以后的理想是什么，她都说是考大学，现在，不知道她在想什么，和小时候判若两人。对了，听说你家菲菲很爱学习，成绩很优异呢，你是怎么教育孩子的？"

"现在的孩子啊，一旦到了青春期，是很容易产生一些问题的，尤其是厌学，还有抵触情绪呢。其实，学习越来越紧张，她们也很有很大的压力。"

"我知道，可是丹丹根本不愿意学习，唉，真不知道该拿这孩子怎么办。"

像丹丹一样，学生不爱学习的现象并不少见，但随着社会竞争的日益激烈，每个孩子都必须要掌握知识。

正是因为如此，不少孩子由天真无邪的童年开始进入背负压力的学生期，久而久之，他们似乎已经不再是为自己读书，而是为父母。除了每天紧张的学习外，他们还要面临残酷的学习竞争，一场场考试、一次次排名，把他们压得喘不过气来，久而久之，他们开始产生厌学的情绪。其实，缓解孩子的学习压力是个社会性问题，需要全社会共同努力，但是做家长的负有最直接的责任。为了孩子的健康成长，每一位家长都要格外用心和努力。

作为父母，我们要从以下方面努力：

1.着重解决孩子的学习动机问题

学习动机是孩子学习的根本动力，只有随着年龄的增长，不断地明确认识到学习目的中社会性意义的内容，孩子的学习才会有持久的动力。

一些家长爱用"将来没饭吃""不读书一辈子干苦力"等话数落孩子，既没有给孩子讲道理，又没有直接激发孩子的具体实例，往往不起任何作用。

其实，兴趣才是最好的老师，孩子的学习也是如此，只有让孩子真的爱上学习，他们才能化压力为动力，因此家长要注意经常鼓励孩子，想办法激发他的兴趣，并潜移默化地向他灌输社会性理想，帮助他将目光投向社会、世界和未来。

比如，原来有一位对课本学习不感兴趣，上课随便讲话，做小动作的男生。班主任老师在一次家访中，发现了他爱饲养小动物。于是老师有意让他参加生物兴趣小组，并委托他饲养生物实验室的金鱼。由于他的兴趣得到合理引导，使他不仅在课外活动中主动积极，而且生物课学习也表现得十分认真。

可见，孩子一旦对学习产生了兴趣，便会积极主动地投入，消除怠惰心理。

2.找到孩子不喜欢学习的原因，对症下药

我们父母首先要和孩子自由沟通，以温和的态度和孩子探讨为什么不喜欢学习。父母了解他的问题所在，就要为他解决。对于因学习困难而对学习不感兴趣的孩子，家长要耐心地帮助孩子找到学习困难的原因，帮助他掌握科学的学习方法。

3.切实帮助孩子解决学习上的问题

很多父母关心孩子的学习情况，只是把眼光放在孩子的成绩上，没有认识到孩子有时候也需要家长在学习上的辅导与帮助。有的孩子因为某一个问题没弄明白，一步没跟上就步步跟不上，渐渐失去了学习的信心和兴趣。所以父母真正关心孩子，就要注意他是否跟上学习进度。有条件的父母每周都要和孩子一起总结一次，发现哪里出现了问题就要及时补上，有的时候，还要请专门的老师给以专题辅导。孩子在学习上的困难得以解决，学习兴趣必然能够得到提高。

而对于学习压力过大，已经明显表现出病态心理和行为的孩子，要积极求教于心理咨询和治疗机构，在专业人员的指导下对孩子予以科学的辅导，逐步帮助孩子及时得到积极矫治。

孩子课后作业马虎敷衍怎么办

作为父母，我们都知道，孩子学习，不只是课堂听课，还有课后学习，其中就有作业。老师在讲了一天的课后，给学生布置作业，也是为了巩固学生学习到的知识。可能有些学生认为，只要听好课就能取得好成绩，作业无所谓，于是，他们常把作业当成完任务，也有很多抄袭作业的现象。而实际上，这都是不良的学习习惯。一些父母为了让孩子做作业更认真点儿，会陪同孩子写作业。殊不知，这样做会让孩子对父母形成依赖心理，要么是一遇到不懂的问题就请教父母，要么是只要看到父母走开，马上就开小差、小动作不断，并且，父母陪同写作业的学生，学习效率普遍较低。

相反，我们发现，那些成绩优异的孩子在分享自己的学习经验时，都会提到独立完成作业这一点。他们认为，老师布置的作业要独立完成，努力思考，积极开动自己的大脑，结合上课老师所讲的新方法解决题目。

为此，我们要与孩子订立规矩——独立完成作业，让孩子把每次的作业当成一次考试，因为只有专注，才会有高效率的成果。我们来看下面这位母亲在孩子做作业问题上的经验之谈：

"周围很多妈妈说自己的孩子晚上做作业都要到十二点。其实并没有这么多作业，问题的关键是效率不高。在我看来，提高效率有两种基本途径：专注和限制时间。专注说来容易做起来却很难。我们可以培养孩子专注的能力。我们家很小，所以我的女儿每天都是趴在饭桌上学习的，她告诉我，饭桌上的香味往往很容易分散人的注意力，但她会不断给自己暗示，必须投入学习，心无旁骛，现在看来效果真的不错。限制时间是提高效率的另一个有效途径。平时写作业就要训练自己在规定时间里完成，到了考试时才会从容不迫。"

如果你问：人在什么情况下才能不走神呢？只有当一个人被规定在一定时间内要完成某一件任务时，这个人的注意力就会高度集中。考试基本功的好坏就在于平时对作业的态度。因此，我们应该对孩子的考试素养和习惯进行培养，我们要告诉孩子，在做作业的时候，也要对自己进行像考试一样紧迫的训练，那么考试的时候就会感觉是在做平时的作业，考试就会很容易。

当然，独立完成作业，强调的当然是"独立"二字，作业不独立就完全失去了作业的积极意义，那就不如不做。此外，我们还要让孩子明确的是，一定要坚决反对那种单纯任务观点，为应付老师检查而做作业的不良习惯。作业实际上是课堂学习的继续，通过作业巩固课堂所学知识，检验课堂听讲的效果，培养自己独立思考、分析问题、解决问题的能力，提高学习的自觉性和积极性。当然，作业中出现的疑难问题，在经过充分地思考、分析后可以向老师、同学请教或开展讨论，对作业中的错误，要及时分析错误原因并进行订正。

可见，一个学生，只有做好作业管理，才有可能取得好成绩。而我们父母，就要与孩子订立规矩，不但不能陪同孩子做作业，还要力求让孩子在做作业时做到以下两点：

第一，专注。告诉孩子一定要坐得住，而作为父母的我们也不要打扰孩子，安静的学习环境，孩子才能专心学习。

第二，限时。孩子回家后做作业，我们要记录孩子做作业的时间，并告诉他要多久内做完，否则就是超时。提高学习效率，方法要对。

总之，我们如果能让孩子记住以上两点做作业的要点，相信你的孩子一定能从作业中有所收获！

缺乏兴趣，孩子没有学习动力

常言道，兴趣是最好的老师。没有学习兴趣也是很多孩子学不好的原因之一，当孩子在某学科上学得不好，成绩很差，问他是什么原因，他会理直气壮地说："我对学习没有兴趣，我学不好，我不学了！"没有了兴趣，也就没有了学习动力。可见兴趣对学习的基础及决定性作用。尤其是对于那些有升学压力的孩子，随着课程内容的增加、学习负担的加重，如果他们不能主动、积极地学习，那么，学习效率就会低下。

使张先生和太太很头疼的是，他们的女儿已经升入中学了，却开始厌学了。后来，开家长会后，班主任老师单独地和张先生谈了谈，当时他们的女儿张婷婷也在场。

"张婷婷同学，你能告诉老师，为什么你学习这么刻苦，成绩却不见提高呢？"老师说完，张婷婷看了看她妈妈，好像不敢说的样子。老师好像看出了这点，就鼓励她说："有什么话你今天就当着老师和爸爸妈妈的面说清楚，这对你的学习有好处啊。"

"其实，我对学习根本就没什么兴趣，每次，我都是强迫自己背单词、做数学题，因为每天回家之后，妈妈都会检查我当天的学习情况，我只能这样。"张婷婷说完，还朝妈妈看了一眼。

"哎，这年头，我们大人为了孩子，付出了一切，可是，我们真的不知道孩子要的是什么，就跟我们家张婷婷一样，我也知道，每天回家后，虽然她表面上看在学习，但心思却不在书本上。"张婷婷妈妈说。

"我大概知道你们家张婷婷学习成绩上不去的原因了，因为她对学习提不起兴趣，所以花的时间虽然多，但没有什么效率。"老师继续说："作为家长，你现在要做的，就是激发孩子的学习兴趣了。"

俗话说得好"天生我材必有用"，培养孩子学习的兴趣，让兴趣这个老师督促孩子学习，孩子必能发挥其最大的潜能学习，并有所建树。作为父母，我们都希望青春期的孩子既能轻松愉快，又能取得好成绩。学习兴趣是推动孩子学习的一种实际的动力，它能够促使孩子自觉地去学。一般来说，孩子的学习兴趣与他们的学习成绩、学习信心是相辅相成的。他对某门功课有兴趣，学习成绩就会好，学习信心就会足。因此，父母对孩子学习兴趣的培养很重要。如何培养孩子的学习兴趣呢？

1.尊重孩子的兴趣

很多父母认为教育孩子，就应该让孩子成为一个全能型人才，尤其是对于有升学压力的孩子来说，更是千方百计想孩子学得好、懂得多，所以父母把孩子的双休日、节假日都安排得满满的。

家长让孩子多学点知识和技能的出发点是为了孩子好，但孩子是否真的喜欢学呢？所以，作为父母要明白，对于已经有独立意识的孩子来说，强迫他们学习是无法获得好的学习成果的，相反，应该给他们一些自由宽松的空间，让他们自己去选择感兴趣的、喜欢的事。

例如，有些孩子并不喜欢弹钢琴，而喜欢动手操作，搞一些小制作。而家长认为这不应该是孩子的兴趣所在，还加以阻止。其实，这也是学习的过程，这样的学习孩子还会学得自觉、开心，况且在这样的活动中，不仅能使孩子的思维能力得到发展，还能提高他们的动手操作能力。

家长不但不应该阻止他们做，还要根据孩子的兴趣特点，为他们提供有关的书籍，创造机会让孩子参加一些有益的活动和比赛。许多事实证明，孩子的兴趣获得父母的支持后，能为他们未来的人生和事业奠定基础。有些做父母的对孩子寄予了很大的希望，但他们往往按照自己的主观意志去"规定"孩子的兴趣，而不是尊重孩子自身的学习兴趣的发展规律培养孩子，这样往往会耽误孩子的发展，因为同样一套教育方式并不是在每个孩子身上都适用。

2.把孩子原有的兴趣与知识学习联系起来

学生的天职就是学习，孩子更是如此，家长应该注意把孩子原有兴趣与知识学习联系起来，将兴趣引导到学习上来，以培养和激发新的兴趣。

3.了解孩子的学习能力

切记千万不要把自己的理想强加给孩子，孩子有其本身的特点，而且每个孩子都有自己的特点，目标的制定还要因人而异，即使制定训练目标后也应不断调整，使之始终处于理想的状态。

4.了解孩子为什么提不起学习兴趣，并对症下药

父母应该积极与孩子展开自由且真诚的沟通，用温和的态度深入了解孩子对学习产生抵触的原因。一旦明确了问题所在，父母应当积极协助孩子寻找解决方案，帮助他们克服学习上的困难。对于那些因为学习困难而逐渐丧失学习兴趣的孩子，家长更是需要耐心引导，仔细分析困难产生的原因，帮助他们找到合适的学习方法，培养起科学的学习习惯，从而激发他们对学习的热情和兴趣。

5.给孩子适当的压力，使其产生危机感

父母虽然爱孩子，但不可能永远保护孩子，这是一个不可回避而且必须想得清清楚楚的问题。因此，孩子必须要努力学习，这种压力也能转换为学习动力，但学习动力的形成，最好不是灌输，要形成自觉，要引导孩子，让孩子自己分析得来。要让孩子对自己成长生活的小环境和大环境有正确清晰的认知，有危机感。

但要注意的是，这危机感又要适度，不能不让孩子有一定的安全感，要有护佑，这护佑当然不是权势和金钱，不是父母的代替，而是父母与他一起努力，一起奔跑前进，是交流和鼓舞带来的信心。

正确的教育造就成功的孩子，给予孩子学习上的正确引导，父母望子成龙、望女成凤的愿望是可以实现的。而培养孩子的学习兴趣，可以让孩

子快速提高成绩，也可以减轻自己的负担和压力，具备实力的孩子定能在未来竞争激烈的大环境中出类拔萃！

孩子总是上课时违反课堂纪律怎么办

俗话说"没有规矩，不成方圆"任何自由都是建立在一定的约束之上的，可以说，对于要参加学校学习的孩子来说，如果不遵守课堂纪律，课堂就是一盘散沙。然而，不少父母有这样的苦恼：孩子在课堂上总是违反课堂纪律，不但自己不认真学习，还打扰了别人，这让家长和老师都十分烦恼。其实，孩子违反课堂纪律，很多时候并不是刻意为之，而是自律性不强的表现，要解决这一问题，还是要归结到如何帮孩子提升注意力这一问题上。

"我的女儿圆圆刚满四岁，聪明可爱，因为我们工作很忙，她多是爷爷奶奶带的，但我们每天都抽时间过去和她玩。因为她小时候没吃过母乳，身体多病，所以爷爷奶奶对她照顾很周到。圆圆两岁就上了幼儿园，学习接受能力都不错，就是不遵守课堂纪律。比如上公开课，教师点她发言，其实她会，但就是不配合，还跟我们说，不想让这么多不认识的人听她念课文。每个新学期开学，圆圆总是要哭个几次，不过我们走后，她上课、做游戏都很积极，她也很喜欢上幼儿园。"

很明显，对于案例中这样的孩子，不遵守课堂纪律通常只是他们行为中的一个表现，他们通常不顾客观环境和条件，自己想说什么就说什么，想做什么就做什么，不听从别人的劝告和阻拦，由着性子来。孩子的任性是一种不良性格特征的苗头，对孩子的成长很不利。而现代社会，很多父母误解了教育孩子就是满足孩子的一切要求，正是这种有求必应，让孩子形成了这样的坏习惯。

如果每个孩子在上课时都不遵守课堂纪律，那么老师就没办法上课。这样的情况我们怎么解决呢？

1.告诉孩子遵守课堂纪律是基本的礼仪

我们要让孩子知道，学生在学校及与他人相处过程中都要遵守一定的礼仪，礼仪应该从小注意培养，这是一个人素质的体现，不遵守课堂纪律，会让其他同学厌恶。

玥玥妈妈一直为女儿在学校的人际关系问题而苦恼，因为班上别的孩子都不喜欢她，她还被其他同学称为"捣乱大王"：老师让小朋友们排队离开教室时，她在地板上爬来滚去地疯；小朋友们聚精会神听老师讲故事时，她推推左边的同伴、拍拍右边的同伴，不停地捣乱；游戏的时候，玥玥又很霸道，她喜欢的玩具就要独占，不让其他小朋友碰……

有一次，小朋友们在玩开火车的游戏，一个小朋友当火车头，由"火车头"邀请其他小朋友上火车，小朋友们在老师的钢琴伴奏下，骑在小板凳上"咔嚓咔嚓"一起前进。开火车游戏是小朋友们都爱玩的游戏，但是每次玩的时候，不管谁当火车头，都不会邀请玥玥上车。看着其他小朋友兴高采烈地开着小火车，坐在一边的玥玥显得特别孤独……

小朋友们都不愿把玥玥当成自己的好朋友，不邀请玥玥上自己的小火车，显然，玥玥成了班级团体里不受欢迎的人物。因为她捣乱、淘气、霸道，小朋友都躲开她，避免被她干扰。其实，玥玥这样的孩子，在同伴群体里不受欢迎的状况一旦形成，几年时间内这种情形都难以改变。她属于性格外向、活动水平较高的一类孩子，也就是说，她比较喜欢动，而对安静型的活动不太感兴趣。所以，在要求安静的活动中，她容易出现"捣乱"行为。而对于集体生活的一些规则，比如排队、保持安静等，玥玥接受起来有些困难，这就和她的家庭环境和父母的教育方式有关了。

其实，这样的状况对于成长中的孩子来说是危险的，每个孩子都希望有一种自我价值感和归属感，这是他们不断努力和奋进的动力，但周围同伴的远离使得这些孩子变得孤独，长此以往，会阻碍孩子交到真心的朋友，也会阻碍孩子良好的人际关系的形成。

现在的孩子，在家里基本过着"一个中心"的生活，这容易使孩子养成以自我为中心的行为习惯，所以会给别人留下霸道的印象。

2.多与老师沟通，减缓孩子的课堂焦虑情绪

焦虑是我们成人经常会有的一种情绪状态，是一个人自尊心受到威胁时产生的情绪反应。适度的焦虑可以有效地激励孩子学习，而过度的焦虑则可能影响孩子学习并引发问题行为。很多情况下，孩子的课堂违纪行为就是他们焦虑的结果。

实际上，要想让学生很好地遵守课堂纪律，这在很大程度上取决于老师对学生的态度及师生关系。如果老师能真正关心、爱护学生，学生不仅会遵守课堂纪律，还会维护、支持老师的工作，帮助老师维持课堂纪律。

3.培养孩子尊重他人的意识和习惯

我们要让孩子明白，友谊是一笔宝贵的财富，而要获得友谊就要懂得从他人角度考虑，就不能不遵守课堂纪律，这样，你的孩子会受益无穷！

实际上，由于家庭教育的缺失，尤其是父母的溺爱，很多孩子自私自利，不愿意与人分享，这对孩子成为一个合格的社会人是极为不利的。在现实生活中，自私、不愿意与人分享的孩子并不少见。这虽然不是什么大毛病，但如果是一个什么都不愿与他人分享、霸道的人，是很难与他人形

成良好的人际关系的。所以，从小克服孩子的自私，培养孩子与他人分享的意识很重要。

遵守课堂纪律，既是尊重老师的表现，也是珍惜学业与集体关系的行为。孩子在学校不遵守课堂纪律，我们要与学校和老师一起努力，帮助孩子纠正不良行为，让孩子爱上课堂，爱上学习！

努力了成绩还是提升不上去，可能是方法问题

作为父母，都希望孩子有个好的学习成绩，然而，在现实的家庭教育中，我们的孩子似乎总是很努力，但成绩总是提升不上去。其实，只要认真观察你会发现，很多孩子虽然看似在学习，但是因为不得要领，学习效率低，越是效率低下，越是无法认真学习，而这又加剧了孩子学习上的困难。为此，作为父母，我们应该根据孩子的个性特征，为他们制定一套适合他们的学习方法，这样，孩子学习起来不累了，也就专注多了。

琳琳是班上的学习委员，从小学开始，她一直在全校成绩名列前茅，在她的同学和老师眼里，琳琳似乎从未在学习上犯难过，很多同学都向琳琳取经，问她有什么绝妙的学习方法。

琳琳说："我觉得这要得益于我妈妈的指导，以前我学习总是死记硬背，但是效率很差，很多知识根本记不住，我一坐到书桌旁，就没办法静下心来，有时候思维不知道飘到哪里去了。后来，在妈妈的指导下，我开始调整自己的作息时间，做完作业以后就睡觉，然后我每天早上会醒得很早，一般你们大概是六点多起床，我五点就醒了，而这段时间，我会拿来记单词，不知道为什么，我这时候背的单词都不会忘记。另外，对于理

科，我会学习好课堂上老师讲的每一个知识点，然后在课下花点时间复习一下，就能巩固了。其实，学习并不是什么难事，每个人都应该有属于自己的一套学习方法，并不是千篇一律的。"

"可是，我们都不知道什么是属于自己的学习方法啊！"

"我们可以求助于父母啊，他们是了解我们的，而且，他们是过来人，我们学习上的一些不足，他们是能看出来的。"

"是啊，我回去得和爸妈好好谈谈。"

这里，我们看到了学习方法的重要性。不过，调查显示，大多数孩子没有自己的学习方法。这样导致很多孩子虽然很努力，可是成绩却依然提不上去，最后导致孩子上课分神、厌学、贪玩。而家长就开始为孩子不爱学习、厌学而苦恼。也有一些家长会有疑惑：为什么有的孩子能轻松地学好，而有的人很努力却学不好。这其实是因为学习方法上的差异问题，孩子有一套属于自己的个性学习方法，自然能学得好。

那么，作为父母，我们该如何帮助孩子改进学习方法，进而让孩子爱上学习呢？

1.了解并尊重孩子的学习兴趣

适合孩子的学习方法是建立在孩子的学习兴趣上的。生活中，当孩子没有达到家长预期的目标时，家长就觉得孩子出了大问题，父母愤怒了，或是责骂孩子，或是语重心长"控诉"孩子。孩子沉默了，孩子愧疚了，孩子自卑了……很多时候孩子就是在这样看不见的教育暴力中失去了成长的快乐和发展的潜能。而即使父母为孩子打造出的学习方法再完美，也不一定适合你的孩子，因为他对此方法根本不感兴趣。

家长都重视孩子的个体差异，充分考虑孩子的优势，注重学生兴趣和个性的培养，帮助孩子找到属于自己的"钥匙"。

2.根据孩子的生活习惯和时间安排孩子的学习，让孩子高效地学习

每个人的机体存在差异，这是毋庸置疑的，他们在生活习惯上有所不同，比如，有些孩子喜欢在晚饭前学习，而有些孩子在睡前的某段时间能发挥记忆的最好效果。对此，父母要留意，并帮助孩子学习，他才能以最快的时间进入学习状态，提高学习效率。

3.掌握小窍门，让孩子尽快进入学习状态

如何让孩子尽快进入学习状态，是广大家长最为关心的方面。教学专家认为：家长个性化的监督和引导是孩子安心学习的关键。在此，有几个家长帮助孩子收心的小窍门：家长不要给孩子过多压力，要鼓励孩子适当地多看书，或者陪孩子适当做一些体育锻炼，让孩子心态平和下来。一方面，家长可以帮助孩子制订一个切合实际的学习计划，每天定期了解孩子的学习表现，多给孩子鼓励和建议，使孩子保持积极的心态。

4.培养孩子自主学习和正确的思维方式

拥有解决问题的能力才是制胜的法宝。父母在帮助孩子找适合他们的学习方法时，这一点乃重中之重，要训练孩子这一能力，就要着重培养孩子自主学习和正确的思维方式，长此以往，孩子的成绩及综合素质将能够稳步持续地提升。

总之，帮助孩子找学习方法，需要依据孩子个人的习惯、兴趣、时间安排、生理状态等。所以，你要想成为孩子的家庭教师，就要全面了解你的孩子，然后做出具体的计划安排。只有适合孩子自己的学习方法才是最好的。有针对性地制订出一套独特的、行之有效的学习方案和心理辅导策略，使孩子掌握一种切合自身的学习方法，提高学习成绩，更重要的是让孩子的心理和心态更健康！

爱走神不是小事，别忽略孩子注意力的训练

作为家长，你的孩子是否有这样一些表现：作业总是做错，粗心大意；在家学习时只要外面有一点动静，就忍不住跑出去看个究竟；上课过程中也不知道想什么，老是走神，不专注……这些就是孩子注意力不集中的表现。对此，一些父母采取训斥乃至打骂的方式，认为孩子太调皮要管教，而也有一些父母，则会觉得觉得孩子注意力不集中是因为孩子还小，不懂事，长大了就好了。但是研究表明，只有35%的孩子在成长过程中注意力会有所改善，65%的孩子因为注意力问题伴随终身。注意力是一切学习的基础，是孩子通向成功的保障！所以，对于孩子注意力的问题，我们不可忽视。

不得不说，我们孩子的注意力状况令人担忧。关于中国青少年注意力状况的调查报告显示，在接受调查的2000多名学生中，能在上课时做到注意力集中的只有58.8%，能坚持听课达到30分钟以上的只有39.7%的人。而自习时，只有48.6%的人可以集中注意力，有超过20%的人经常走神。

那么，专注力过低的话，对孩子的发展会有什么危害呢？

1.缺乏专注力，容易成为"问题儿童"

教育专家通过调查研究发现，孩子长期注意力不集中、好动不安、上课不专心、爱做小动作，是感统综合能力失调的一种表现，会给家里和学校带来麻烦，孩子容易惹是生非。感统综合失调，使他们在成长的过程中，更容易给家长添麻烦，甚至成为打架、逃学、早恋等问题孩子。

2.学习成绩差

作为父母，我们都希望自己的孩子能成才，希望他们考入好的学校，希望他们能在未来社会中有所成就，但其实，孩子的智力不是天生的。据国外的一项研究报告证实：98%的孩子智商都是差不多的，只有1%的孩子

智商是天才，也只有1%的孩子智商是弱智。那为何在100个孩子当中，成绩悬殊那么大呢？最主要的原因就是注意力不集中，无法持续专注地学习与做事。

在孩子的学习成长过程中，专注力是直通心灵的门户，门开得越大，孩子学到的东西就越多。专注力同时还是最重要的发展因素，是记忆力、想象力、思维力、观察力的准备状态。专注力的高低更是直接影响着孩子学习成长发展的状态。

注意力集中时间比其他孩子短，容易分心散漫；上课难以集中注意力，对课堂内容一知半解；作业拖沓，学习时易走神、发呆、被无关事情吸引，导致学习费时、效率低下；即使考试前书念得很熟，考试时却会因分神而记不起来或写错等，严重影响学习和考试成绩；办事时总是丢三落四，如经常忘记学习用品放在哪里，学习容易半途而废。

3.自制力不足

自制力不足会引发各种问题，比如，语言和行为上的问题，说话、做事都容易冲动，甚至会表现出攻击性，一旦感受到来自外界的压力，这些行为问题便会更严重；上课时总爱做各种小动作，比如，玩笔、玩橡皮、玩课本、撕书等。上课时扰乱纪律，容易被众多新鲜的刺激吸引，抗诱惑和干扰的能力差，往往无法遵守规范和指令，难以适应集体生活和社会。

4.自理能力不足

注意力不集中的孩子无法胜任那些有目标的活动，自立能力也就差，他们不会做家务、作业等；自我整理、打理能力差，房间常有脏乱现象；缺乏组织能力，无法做好整理、整顿的工作；也有一些孩子看似身体发育正常且肌肉能力较好，但是在语言能力、画图、使用剪刀等要求协调性的活动中就无法胜任；并且，即便是玩耍，他们也会因注意力不集中而粗心大意，容易在运动和生活中受伤。

5.注意力不集中造成不自信，成功面前望而却步

这些注意力不集中的孩子在较重的学习压力下很难胜任，因此，经常感到压力大，而且缺乏自信，更别说去主动竞争了。另外，任务完成得不好，考试成绩差，得到的都是家长和老师的责骂，久而久之，孩子的自信心就会受到伤害，很多孩子一自卑就更加完不好任务，往往还没做事，就会出现悲观、失望、胆小、怯懦等现象。

同时，因为自信心不够强，又会引发各种问题与行为，进而感到被孤立；最终因长期的环境不适应与经历挫折，严重缺乏自信心，成长发展彻底失衡。

而那些能集中注意力的孩子，他们不仅能在学习成绩上取得比其他孩子更快的进步，长大后进入社会更是能通过专注而在工作领域获得很大的成就。所以说，专注力的高低不仅影响着孩子的学习成长发展，更是直接影响了孩子以后的人生。

6.人际关系紧张

也许你会感到诧异：注意力不集中与人际关系也有关系？没错！

经过调查研究发现，那些注意力不集中的孩子，同样也有这样一些问题，比如：经常冲动任性、情绪不稳定、不愿意与人分享和共享物品、容易与同学发生冲突、经常搞小动作、经常打断别人谈话、不愿意听父母或老师的话、忽视别人感受，致使人缘不佳；人际关系的失衡往往会影响到孩子的情绪健康和人格健康，处理不当甚至会产生严重的心理问题。

的确，孩子注意力不集中，是一个普遍存在的教育问题，一些老师上课时也总是重点强调要认真听课，但并没有起到什么显著效果。很多时候，还需要父母在家中对孩子进行注意力的培养与提升。

可喜的是，一些父母已经意识到了这一点，所以也在积极寻找办法来解决这一问题。要帮助孩子提升注意力，我们家长首先要科学认识注意力,并了解孩子注意力差的原因,不可盲目训练。

孩子偏科如何纠正

作为父母,你可能发现,你的孩子在学习中会有这样的烦恼:孩子某一学科表现特别好,学习从不让父母操心,但某一学科却一塌糊涂。而反过来,他们对于表现好的学科也愈发兴趣浓厚,对于学不好的学科,就越不想学,久而久之,导致自己学习成绩越来越差,这就是很多孩子学习偏科的表现。

俗话说,兴趣是最好的老师。在学习中,兴趣是一种强大的动力,一旦人们对某一学科产生兴趣,就会促使他们积极探索,克服困难,直至成功。但学生阶段的大部分学科都是枯燥的,再加上一些学生可能不喜欢某门学科的老师,或者学习底子差,进而开始逐渐不喜欢这门课,而对学科没有兴趣反过来也让他们没有学习动力,学习成绩自然会下滑。

王先生的儿子亮亮是个品学兼优的好孩子,从小学到初中的学习从没让爸爸妈妈操过心,可是初三上半年发生的一件事,让亮亮的数学成绩一路滑坡。事情是这样的:

一次数学测验,下课铃响了,亮亮还在埋头答题,数学老师催了几次,他都跟没听见一样,仍在做题,老师发火了,走过去夺卷子,亮亮用手一按,卷子撕破了,数学老师怒气冲冲地拿着卷子走了。亮亮在当天的日记里写道:"我恨死数学老师了,今后,我上课不听她的课了,在路上遇到她,我也不和她讲话!"

于是,就这样,亮亮由一个数学尖子生成绩一路下滑,在后来的考试中，成绩也是一次比一次差，王先生为此很伤脑筋。

导致孩子偏科的原因有很多，故事中的亮亮就是因为和老师发生矛盾而影响了对该学科的兴趣导致偏科。但作为父母，我们都明白，孩子在学习上要做到学科均衡发展，不可偏科。

作为父母，我们都应该成为孩子的学习导师，帮助孩子克服偏科现象。以下是几点建议：

1.帮助孩子正确认识不同学科的价值和意义

孩子不喜欢某一门学科，可能是因为他对这门学科的重要性认识不足。而且有些课的内容本身枯燥，不一定是老师的责任。每门学科都是有用的，孩子都必须学习。学会去做好不喜欢做的事情，也是他们走上社会之后必修的一课，无法任性地逃避。

2.告诉孩子可以尝试和假装对这些学科感兴趣

人的态度对学习是很重要的，有时态度决定一切。心理学的研究表明，当一个人对某一事物不感兴趣时，可以假装喜欢，告诉自己，其实我挺愿意去做这件事的。这样一段时间以后，你就会在不知不觉中改变自己的态度，变得对这件事情感兴趣了。

3.也许不喜欢的某些学科，可能与成绩有关

其实很多东西，在一个人不会、没有获得成就感的时候，往往是"没意思"的；如果他迫使自己去学习，并获得进步，这时可能就能发现兴趣。

如果孩子在某些学科上，学习成绩不太理想，你要告诉他，不要过分焦虑，不妨降低一点目标，采取逐步提高的办法。同时，也可以了解一下别人的学习经验，加以借鉴。要相信，一分耕耘，一分收获。当你的成绩有所进步时，你的信心会因此得到增强，学习兴趣也就相应地得到了提高。

总之，我们要让孩子明白的是，所有的课程都是向别人学习的机会。

三人行必有我师。因此，无论他喜欢不喜欢一门课，我们都要培养孩子学习的兴趣，只有这样，孩子才能真正端正态度努力学习。

孩子一到考试就焦虑怎么办

我们深知，好的心态是成功的一半。可随着考试尤其是大考的临近，很多孩子会产生严重的焦虑情绪：他们因感到压力过重出现紧张、焦虑不安、心烦、失眠、看不进书。而有些家长，却比孩子更紧张，为了让孩子考上理想的学校，他们会帮孩子补课，无形地施加压力……其实，他们这样做是错误的，孩子只有以平常心面对考试，才能正常甚至超常地发挥出自己的水平。

事实上，每个人都有心理问题，心理问题就像头疼感冒一样，人人都可能遇到。临近考试，孩子的心理问题会变得更加复杂，如果不及时加以调节，将导致心理障碍甚至心理疾病，会直接干扰考试，对孩子未来将造成不可估量的损失。所以，我们家长应该及时帮助孩子调解心理问题，让他们以一种平常的、良好的心理状态，直面考试。

阿东是个很孝顺、乖巧的孩子，学习成绩一直也不错，但长时间的心理压力，让他不得不看心理医生，他在心理咨询中说道："我的家庭十分拮据，父母挣钱很艰难，但他们都极力支持我读书，并说只要我考得上大学，愿意倾家荡产、贷款也要供我读书。回到家里，父母不管有多么繁忙，他们也不让我做家务，因为我的任务就是学习。在别人看来，我是一个多么幸福的孩子，可谁又知道，在这'幸福'里，我背负了多么沉重的心理压力，我怕考试，我怕自己成绩考差了，对不起全家人。"

这里，我们可以看出，阿东的考试压力来自家庭，父母供他读书不容易，对他期望太高。因此，一旦考试失利，就很容易产生负罪感，父母的期许成了他的负担。

我们不可否认，孩子身上的学习压力很大一部分来自外界，比如父母的、老师的、同学之间的，但压力终究是自身的一种精神状态，是可以解除的，这需要作为父母的我们做孩子的心理导师。

那么，家长如何帮助孩子调整好心态，使之有一个良好的状态迎接考试呢？

1.认同孩子，理解孩子，感受孩子的压力

作为家长，我们都希望孩子能在考试中取得一个好成绩，但有时候并不是我们想象的那样。有些学习方法掌握得不是很好，怎么努力成绩进步也不是很明显的孩子，或是成绩起伏比较大而心理承受能力相对差一点的孩子，很有可能就会情绪波动，甚至产生畏难厌学的情绪。碰到自己的孩子恰好是这样，家长的焦急是可想而知的。

其实，焦急起不到任何作用，这种情况下，我们必须保持理智与冷静，并尽量站在孩子的角度，去看待他所承受的这份压力，去感受他内心的紧张与不安，多给他一些安慰与鼓励，想办法让他放松心情，比如带他出去散散步，陪他看一场他喜欢看的电影，或是一起去打打球，等等。

2.让孩子认识到压力存在的普遍性

现实生活中，每个人都要承受或大或小的压力，孩子升学的压力只是其中的一种而已。这个阶段的孩子，一般都会放大自己不幸的感受，认为全世界就自己不幸福、不快乐，对此，家长要告诉他，人只要生活在社会上，都要承受压力，只是所承受的压力的形式和内容不同而已。要不然，他总以为大家都活得很轻松，就他一个人过得如此沉重、如此紧张。比如，父母可以把自己曾经遇到的升学压力告诉他，感同身受地与之交流，不仅能拉近你们之间的关系，还能让孩子释然。

3.鼓励孩子，告诉他："你可以"

无论做什么事，自信对于一个人来说都是极其重要的，这关系到一个人的潜能是否能被挖掘出来。很多的科学研究都证明，人的潜力是很大的，但大多数人并没有有效地开发这种潜力，假如你有了这种自信力，你就有了一种必胜的信念，而且能使你很快就摆脱失败的阴影。相反，一个人如果失掉了自信，那他就会一事无成，而且很容易陷入永远的自卑之中。

孩子面对考试就焦虑的问题，主要原因就是因为对考试结果的期望高。如果他们抱着轻松的心情，不太在意考试结果，那么，他自然就能心情平静地面对考试。

为此，作为父母的我们一定要鼓励孩子："你可以的。"并告诉他们不要太在意考试成绩，更好地控制自己的焦虑情绪。

4.告诉孩子几种考前减压的方法

（1）考前两天：增强自信，择要复习。告诉孩子："复习，并不是眉毛胡子一把抓，而是应该有所侧重，最重要是复习那些重点内容。

所谓重点：一是老师明确强调的重点内容，二是自身学习过程中遇到的薄弱环节，也就是容易忘记和出错的地方。如果确保这两点都没问题的话，就没必要害怕了。"

（2）考试前夜：尽情放松、睡眠充足。考前挑灯夜战最不可取，牺牲睡眠时间复习是得不偿失的。考前，应尽量做一些放松身心的活动，比如散步、打球、听听音乐等，还要做到早些休息，一定要避免思考过多，精疲力竭。

（3）考试当天：按时到考场。考试当天，在用餐上，要注意吃早吃好，要给自己充足的时间来补充身体能量，最好在考前一个小时用餐完毕，吃得太晚太饱，都很容易因为大脑相对缺血而影响到考试时的发挥。

在到考点时间上，可以在考试之前20分钟到达考试地点。来得太早，你会因为发生的一些事而分散注意力，影响到自己的考前心态，而到得太迟的话，准备时间不足，进入考试状态的时间也太短，容易心慌意乱，造成失误。

（4）掌握一些答题技巧。要想考好，当然要掌握扎实的理论基础知识，还有良好的心理素质，不过，还有重要的一点是掌握一定的应试策略，要科学应试，也就是要掌握一定的方法技巧。

另外，我们还可以告诉孩子：如果已经按照以上方法来做了，但还是没平息怯场的心情，也不必担忧，还可以按照以下步骤来做调节：先别急着做题，把试卷放到一边，稍微揉揉自己的脸，或者趴在桌子上休息下，这一方法能转移注意力，进而减轻紧张情绪。还可以采取深呼吸的方法慢慢呼气、吸气，同时放松全身肌肉。几分钟过后，紧张状态就能减轻不少。

第 05 章

性格决定命运，孩子阳光般的性格要从小塑造

不难发现，在我们生活的周围，有一些孩子总是很讨人喜欢，无论走到哪里，他们都有朋友，都不会感到孤单，这是因为他们有积极阳光的性格，能让周围的人感到快乐。我们父母要教育孩子，不仅要教育孩子掌握知识、提高学习成绩，还要让他们在生活中逐渐形成自信、勇敢、豁达、乐观的个性品质，只有这样，孩子才能拥有一个乐观、愉悦的人生。

孩子的性格形成于童年早期

美国遗传学家摩尔根在给儿子的一封信中这样写道："你应该有这样的志向：世界上没有任何东西可以引诱你去做一个人不应该做的事，坚决不要为了金钱而放弃你的人格与自尊，去为他人做种种不正当的工作！不管将来从事何种职业，你应该尊重你的人格，保持你的操守。"

无论身处顺境或逆境，好的性格会让孩子坦然面对生活，并不懈努力；而不良性格则会让孩子走弯路，受挫折，甚至一辈子碌碌无为。那么孩子的性格是天生的还是后天形成的呢？又是何时形成的呢？

儿童心理学家认为，人的性格不是一朝一夕形成的，那么，什么时候开始每个人就会形成不同的性格呢？研究人员表示，六七岁时可预测孩子成年后行为，人的性格主要形成于童年早期。此时塑造他们好的性格和气质，是家长的首要任务。

在中国，有这样一句古话："三岁看大，七岁看老。"这句话是有一定根据的。美国一项研究显示，人的性格在童年时期的早期就能形成，从六七岁孩子身上可以预测他成年后的一些行为。

对于这一发现，美国的研究人员曾做出一项研究。研究的对象是20世纪60年代夏威夷州大约2400名不同种族的一至六年级小学生，在这一调查中，这些孩子的老师根据他们在日常生活中的表现进行打分，进而对他们的性格做出一个评价。

40年后，研究人员们找来了其中的144名学生，对他们进行深层次调查，并给研究对象接受调查时的情况录像。

研究人员主要对比4项性格特征：是否健谈，又称语言流利度；适应性，即能否很好适应新情况；是否易冲动、感情用事；自我贬低程度，主要看是否弱化自身的重要特质。

通过对比，研究人员发现：

40年前被老师认为健谈的学生，人到中年时依然有善于动脑、语言流利且喜欢掌控全局的智慧；反之，曾被认为不健谈的学生，人到中年时表现为能动性差，缺乏主见，遇事意志力不足、人际关系不如意等。

40年前被老师认为适应性强的学生，人到中年后会乐观开朗，善于动脑，讲话流利；适应性分数低的孩子，成年后态度消极，缺少主见，不善于处理人际关系。

40年前被认为易冲动的学生，成年后倾向于大声说话，兴趣广泛，健谈；不易冲动的孩子，成年后多表现得胆小害羞，与人保持一定距离，缺乏安全感。

40年前被认为爱自我贬低的学生，即便成年后也易内疚、喜欢寻求安慰，爱讲自己的消极面，爱表达不安全感；而自我贬低程度低的孩子，成年后倾向于自信、大声表达自己的想法、爱动脑，表现出优越感。

研究显示，虽然人的性格可以改变，但这并不容易。研究人员说："生活中发生的事件仍对人的行为构成影响，但我们必须承认未来行为中性格所起的作用。"

从这一调查研究中我们可以看出，童年早期的烙印对一个人将来的一生都具有持久深远的意义。等一个孩子长成了青年或成人，再要他改变自己性格的许多方面，那将是非常困难的。虽然在关爱他的人们的努力帮助下，他仍有可能改变自己性格的某些方面，但那需要时间，需要他本人和他周围的环境很有耐心。

因此，童年早期正是人一生中培养真正的人性品质、态度和行为的阶段。在此期间，人要培养积极的情感和态度，建立良好的人际关系，学会分辨好坏，培育良知，懂得善良与公正。

而作为父母，我们要知道，孩子的性格很大一部分是由家庭来培养的，不要错误地以为孩子的性格是天生的，也不要错误地认为孩子的性格是由学校、老师来培养的。家庭对孩子的性格影响是十分大的，父母如果想要一个性格好的孩子，就得从各个细微处入手。

家庭环境对孩子的性格形成极为重要

不得不承认，我们每个人从呱呱坠地开始，就开始归属于一个家庭，家庭也为我们的性格打上了最初的烙印，这是人出生后最初的教育场所。父母的性格、教育方式、教育观念，在家庭中所处的位置以及所扮演的角色等对一个人性格的形成有非常重要的影响。从这个意义上说，家庭是制造性格的工厂。

刘女士在一家私企当主管，手下管着几十个人，所以工作很繁忙，免不了发脾气，而她也经常将工作中的坏情绪带回家。

这不，她回家看见丈夫居然在看报纸，也不做饭，就有点不高兴了："贝贝一会儿回来饿了怎么办？你怎么不做饭？""我怕我做饭了，你们母女俩又不合意，那不找骂吗？"丈夫一脸委屈的样子。刘女士一听更生气了："你别总是为自己的懒惰找借口，我一天那么忙，你怎么就不能为我想想。"

夫妻俩吵了一会儿，贝贝回来了。

"爸妈，我饿了，怎么还不做饭？"贝贝看见爸妈没做饭，还在吵架，就不高兴了，一把把门摔上，看自己的书去了。

"这孩子怎么了，现在怎么脾气这么差？以前可不是这样，我去跟她评评理，这是什么态度？"刘女士很是生气，正想冲进女儿的卧室，教育女儿一下，被丈夫一把拉住。

"其实都是我们俩的问题，我们情绪不稳定，孩子在这样的环境下生活，怎么能做到心平气和……"刘女士觉得是这么个理儿，气也就消了。

孩子在成长的过程中，总是会遇到这样那样的问题，需要我们父母进行引导，而最重要的家庭教育方式莫过于给孩子一个轻松有爱的家庭环境，只有在这样的环境下，才能教育出脾气好、修养好的孩子。生活中，我们每个人都像一只小船，而只有家庭才是我们的港湾，它能给我们带来安全感。同样，每一个孩子也需要这样一个温馨、和谐的家，只有在这样的家庭环境下，孩子才会感觉到轻松、安全、心情舒畅、情绪稳定，也有利于孩子形成良好性格。因此，从这一点看，家庭中的父母长辈也都应该以快乐的情绪生活，并为孩子营造一个温馨和睦的家庭氛围。

为此，我们父母需要给孩子提供一个舒适的生长环境。父母要记住：孩子的优秀品行不是从天上掉下来的，而是适合的环境条件培养出来的。孩子在出生之后，就要尽可能地为他营造一个安静祥和的成长环境，从小使他对生活充满了无限的积极幻想，这样，他在长大成人之后，才能更有品位地生活。

曾经有专家对一批婴幼儿进行跟踪调查，调查表明，那些生长于和谐、温馨的家庭氛围中的孩子有这样一些优点：活泼开朗、大方、勤奋好学、求知欲强、智力发展水平高、有开拓进取精神；思想活跃、合作友善、富于同情心。

而另外有一项调查显示，少管所中的不少孩子是由于父母在家中经常吵架，关系不好甚至离异，全然无视子女的教育，严重影响了孩子的身心健康发展，致使孩子走上歪路。

家庭成员间的关系如何，会对孩子以下两个方面产生影响：

在幸福、温馨的家庭中，成员之间是互相信任的，在这样的环境中成长，孩子终日耳闻目睹，它的感染力是巨大的，潜移默化地使孩子养成了热情、诚实、善良、正直、关心他人等优良性格品质。

另外，在这样的家庭环境中，成员之间是互相爱护的，对于孩子，他们也是疼爱有加的，因此，除自己的学习和工作外，父母有更多的精力关心孩子，有利于孩子的智力开发，知识经验的积累以及能力的提高，为入学后的学习打好基础。

孩子犹如一株嫩苗，在一个和谐的家庭中才能健康地成长。为了孩子，也为了全家的幸福，父母长辈们也应该保持好心情，从而为孩子创造一个良好的成长环境。

为此，教育心理学家给我们的家长提出两点建议：

1.为孩子营造和谐的家庭环境

父母与家庭成员间相亲相爱、关系和谐，是孩子心理健康成长的基石，也能有效降低其心理问题发生的风险。专家建议，家长应为孩子营造稳定、和谐且充满爱的家庭氛围，只有在这样的状态下，孩子才能乐意地接受并回应来自父母的关爱与帮助。

2.无论遇到什么事，家长都要情绪稳定

居家过日子，家庭矛盾在所难免，人际交往中也可能出现矛盾，但不可把不良的情绪带回家。家长空闲时可以陪孩子一起玩耍、散步，在家里多谈些轻松愉快的轶闻趣事，说些孩子感兴趣的影视剧、体育运动等话题。

良好的家庭情感，和谐的家庭气氛可以给孩子良好影响，每一位家长都应从培养孩子形成优良的个性品质、健康发育成长的责任出发，重视营造一个温馨和睦的家庭环境，以利于孩子成长。

面对孩子的不良行为，要冷静处理

作为父母，我们都望子成龙望女成凤，都希望培养出品格和性格好的孩子，为此，在家庭教育中，一些父母发现孩子的行为稍稍有点偏离正轨，就怒火中烧，甚至气急败坏，认为孩子学坏了，必须严加管教。其实，孩子任何不良的品质都和家庭有着千丝万缕的联系。作为父母，如果你发现孩子有不良行为习惯，那么，我们有必要冷静下来，反思一下自己的教育方式是否出了问题。

曾经在某所贵族学校，有个女孩被学校老师称为"暴力女孩"，她喜欢集结学校的一帮女生欺负自己"看不惯"的女生甚至老师，后来她被学校开除，她坦承自己这种坏品行和自己的父亲有关。

原来女孩的父亲是一个暴力主义者，母亲在家里一点地位也没有。在她六岁那年，她原本是去邻居小朋友家玩，但出门不久，发现忘记带东西了，当她准备进家门时，却在门缝里看见父亲将母亲压在地上使劲打，女孩气急败坏，冲上去就揍了父亲一拳。那天晚上她在床上翻来覆去，无法入睡。一整晚，脑海里不断重复上演看到的那些画面。女孩从此性情大变，一步步堕落。

为什么会这样？因为她爸爸给女儿上了一堂"暴力课"。这里，我们可以发现，孩子的行为习惯与家庭教育有着很大的关系。培养孩子好的行为习惯，要从小开始，改正不好的行为习惯，也要越早越好。

教育心理学家认为，7岁之前是孩子行为习惯的养成期，这期间我们父母的教养方式对孩子的成长有着至关重要的影响，其中就包括如何处理孩子的不良行为。

有人说过，只有不成功的父母，没有不成功的孩子，家长无论想把孩子培养成牡丹还是富贵竹，都要根据孩子本身所具有的特性，因势利导。同样，孩子行为出现偏差，也不能不问青红皂白暴力处理，而是无论遇到什么问题都要冷静下来，具体来说，我们应该做到以下几点：

1.制定规则

家长一定要让孩子明白什么是父母可以容忍以及绝不能容忍的。要有的放矢，坚定自己的信念和原则，然后让孩子了解父母的想法以及目标。

2.一次解决一种不良行为习惯

一次不良行为也许你认为无伤大雅，而假如孩子一直重复出现某种不良行为，那么就要注意了。也许你的孩子有一大堆的行为问题需解决，但是要改善孩子行为最有效的方式就是一次只解决孩子的一种不良行为，这样你将更有可能去永久制止孩子的不良行为再度出现。一个个解决以后，孩子就能形成一种好的习惯。

3.冷静地与孩子沟通

如果孩子犯了错或者是表现出某种不良行为的话，你就应该考虑严格要求孩子了。每次在和孩子说话前请做一次深呼吸，尽量让自己保持冷静。如果需要暂停一下，过一会儿再说，那么不妨一试。然后看着孩子的眼睛说出你的要求，要确保你已经引起了孩子的注意。请记住，你的目的是要在对孩子的疼爱中规范孩子的行为，而不是在愤怒中斥责孩子。

4.建议孩子进行积极的选择

具体来说，你希望孩子形成哪些新的行为呢？请给孩子提供一两个可以进行正面选择的机会。如"请你温和有礼地和我说话。""下次你该怎么做才能保证不会再以这样的语气和邻居阿姨说话呢？"

5.向孩子说明行为的后果

如果孩子继续违反规则或者他依然没有改正自己的不良行为，那么你需要向孩子解释他这样做的后果。例如"如果你不能温和有礼地跟我说话，你就不能用电话。""如果你再对姐姐大喊大叫，你就要闭门思过。"请记住，你的解释务必做到具体、简短而又严格。如果孩子再次出现不良行为，你也可以考虑征询一下孩子的意见看看怎样处理结果才算公平。一般来说，与父母选择的处理方式相比，孩子们的选择往往会比较公平。

6.当场纠正孩子的错误行为，落实和孩子之间达成的协议

即使他的不良行为依然没有改正的迹象，也要把你和他之间达成的协议坚持完成。你必须保持协议的一致连贯性，而且要做到言出必行，这样孩子就会明白你是认真的。一旦孩子出现不恰当的行为，你应该马上加以纠正。

任何人都希望自己的孩子聪明伶俐，落落大方，待人彬彬有礼，这都需要我们父母的呵护，悉心地呵护和培育孩子，但同时，在培育孩子良好行为习惯的同时，我们也要及时发现孩子的不良行为习惯，绝不能任其发展，影响孩子的一生！

引导孩子学会保持乐观的生活态度与情绪

我们知道，积极的情绪体验能够激发人体的潜能，使其保持旺盛的体力和精力，维护心理健康；消极的情绪体验使人意志消沉，有害身心健康，甚至会导致严重的心理问题。为此，学会保持乐观的生活态度与情

绪，无论是对于我们成人，还是孩子来说都是十分重要的。

的确，无论成年人还是孩子，不可能总是快乐无忧的，我们都希望能够帮助孩子学会调节自己的情绪，使之向快乐的方向转化。相对于成人来说，孩子的喜怒哀乐通常是很真实的，往往直接支配着他的行为，无论是快乐还是悲伤，他们都会挂在脸上，一件很小的事可能就会引发他们强烈的情绪波动。

有研究表明，一个人在童年时期的情绪掌控能力，与之在成年后是否能快乐、能否情绪稳定有着很大的关系。也就是说，孩子在成长过程中，学会管理自己的情绪对他的人生幸福至关重要。其实，孩子在每一天的生活中，不但要体验快乐，还要体验难过、沮丧、愤怒等，有些孩子一旦受到挫折，就会十分难过，然后习惯性用暴力来发泄内心的不快，不但给家人、同学带来困扰，也影响自己的人际关系。其实，一切都是因为这些孩子不懂得表达和调节自己的情绪。

据教育学相关研究指出：孩子在6岁以前的情感经验对人的一生具有长远的影响，这一期间的孩子如果易怒、暴躁、悲观、胆怯或者孤独、焦虑、自惭形秽、冷漠、对自己不满意等，会很大程度地影响其今后的个性发展和品格培养。而且，如果孩子总是处于负面情绪的笼罩下，很可能会对其身心健康和人际关系产生负面的影响。

童年是孩子情绪发展的关键时期。作为家长，我们在教育孩子的过程中，要培养孩子乐观地面对人生，还要教会孩子如何控制自己的情绪，帮助孩子做到情绪自我管理。

在情绪管理的过程中，觉察情绪、表达情绪，以至于利用情绪是其重要的三个部分。而所谓的情绪管理，顾名思义，就是要帮助孩子学会做自己情绪的主人。管理情绪包括两个方面的内容：一方面是能够充分地表达自己的情绪，不压制情绪。另一方面是要善于克制自己的情绪，要善于把握表达情绪的分寸。

所以，作为父母的你，有一项很重要的工作就是帮助孩子认识、了解和控制自己的情绪，学会理解他人，即为孩子做好"情绪管理"，让孩子从小就拥有优质的情商。

1.做积极乐观的父母，为孩子做好榜样

父母是孩子的榜样，孩子的情绪受父母行为的直接影响，与孩子相处时，父母要积极乐观。当孩子有挫折感的时候，积极乐观的父母可以成为他依靠、慰藉的港湾。

父母首先要学会管理自己的情绪，不把不良情绪带给家庭、带给孩子，要营造出一种安全、温馨、平和的心理情境，用欣赏的眼光鼓励孩子，让孩子产生积极的自我认同，获得安全感，让其能自由、开放地感受和表达自己的情绪，使某些原本正常的情绪感受不因压抑而变质。

2.相信你的孩子，并鼓励和支持他

要让孩子喜欢自己，家庭要给孩子认同感。在教育孩子学会乐观地面对人生时，除了多与孩子交流，培养孩子的自信心之外，还有一个很重要的方面，就是首先父母要相信自己的孩子，给予鼓励和支持。更重要的是要帮助孩子进取，克服一些他现在克服不了的困难，只有这样，才能教会孩子以正确的态度和方法保持乐观。

3.教孩子转换思维

如果孩子陷入某种负面情绪里，通常是因为"想不开"，此时，父母可以带着他想些好事情，或引导他发现原来事情没有这么糟。孩子能够学习用不同角度和方向思考，进一步也就可以用有创意的方式，自己想办法解决困境。

4.教孩子换个角度看自己

当心情不好或遭遇挫折的时候，孩子很容易对自己产生负面的看法，觉得自己很差劲，这时父母可以提醒孩子，他在其他方面表现得很好。让孩子时常记起自己成功的经验，可以帮孩子找回自信，相信自己可以克服困难，也更愿意去接受挑战。

5.教导孩子正确表达内心怒气

研究表明，语言能力发展较好的孩子，遭受到的挫折感也比较少，因为他们懂得用语言表达自己的需要，而且当他们说出自己生气难过的原因时，不仅有助于情绪宣泄，也能获得他人的理解和安慰。父母可以在孩子生气、难过的时候，教导他们用语言而非肢体表达怒气。

6.带着孩子放松心情玩一玩

压力大经常是孩子心情不好的原因之一。可以教孩子做做伸展体操，或是用力画图、用力唱歌，让他体会这些"用力动作"对解除紧张情绪还是很有作用的。下次他就能有更多方式，调节自己的不良情绪了。

要帮助孩子建立自信心，因为自信的孩子更容易获得快乐的情绪。父母应该经常多鼓励、多赞美孩子，增强他们的独立性、进取心。

如何培养出性格豁达、心胸宽广的孩子

这是一位妈妈的教育心得：

"我和我爱人都喜欢旅行，在有了孩子以后，每年也会抽时间出去走走，只是时间不多，尤其是前几年孩子还小。这不，孩子现在上了三年级、有了一定的自理能力后，我们也带上了他，比如带他领略泰山的雄伟壮观；带他到内蒙古体会那种"天苍苍，野茫茫，风吹草低见牛羊"的壮阔；带他游览海南岛，观赏热带森林植物的瑰丽和神奇。我们没有刻意地

去教育孩子要有宽广的心胸等，但是，孩子却在一次次的游览中增长了知识，开阔了眼界。令我们高兴的是，孩子在一次次的经历中，拥有了宽广的胸怀，很少会因为日常小事无谓地烦恼了。"

故事中妈妈的教育方法是值得我们学习的。古今成大事者，不但要有大志，还要拥有宽广的胸怀。胸怀是人格的具体体现，具有宽广胸怀的人，才能成为人格高尚的人，而这正是家庭教育的目的之一。

家长在教育孩子的时候，精神上的养育绝不能少，这样教育出的孩子才能不畏恶劣的生存环境和残酷的社会竞争，依然能够傲然挺立，拥有比天空还宽广的胸怀，创造出属于自己的一方天空。

家长可以采取一些辅助教育方式，培养孩子宽广的胸怀，具体内容有以下三个方面：

1.身体力行，做孩子的榜样

家长是孩子的第一任老师，父母如何待人接物、心胸是否宽广，直接影响到孩子，父母平时要待人和蔼，一些事情没必要斤斤计较，更不要发火和出口伤人，因为父母的一言一行都影响着孩子幼小的心灵。

我们经常教育孩子心胸要宽广，要宽以待人，对待他人要热情等。

一次，楼上邻居晾晒的衣服不断滴下的水把我就要晾干的衣服又淋湿了，害得我又把衣服洗了一遍。但我只是客气地提醒楼上的邻居，没有生气发火。

还有一次，我在送孩子上学的路上，被一辆自行车刮了一下，手很痛，骑车人不停地说对不起，我看着有些红肿的手背，只告诉骑车人要注意安全，就让他走了。孩子问我："妈妈，你怎么让他走了？万一你的手骨折了怎么办？"我笑着对孩子说："没关系，妈妈的手不会骨折。一会儿就会好的。叔叔也不是故意的。他已经道歉了。"

2.多带孩子出去走走看看，让孩子开阔眼界

眼界宽的人，胸怀也会宽广。

3.在阅读中培养孩子宽广的胸怀

书籍中有无数值得孩子学习的心胸宽广的故事，这些故事对孩子的启迪远比家长的说教要好得多。

我的孩子喜欢阅读，经常自己拿着书蹲在家里的地板上津津有味地看。

一次，孩子在读到"将相和"的故事时问我："妈妈，如果是我，我可不会背着荆条去认罪。"孩子说的是廉颇负荆请罪的事情。我告诉孩子，廉颇负荆请罪，因为蔺相如心胸宽广，以大局为重，所以，秦国才不敢侵犯赵国。

还有一次，孩子读到韩信后来做了元帅，竟然宽恕那几个当年侮辱他的人时，不解地说："这么欺负人，怎么还饶了他们呢？"我问孩子："你不是想当一个好孩子吗？你不是希望自己将来能做大事吗？要成就大事，必须要有宽广的胸怀"。

我们可以从这位母亲的教育中获得一些启示，还可以从生活中的一些现象出发，告诉孩子怎样才能拥有一个宽广的胸怀，比如不要斤斤计较那些鸡毛蒜皮的小事情，要欣赏他人的优点，不要嫉妒。把"海纳百川，有容乃大"的格言贴在孩子的桌子上，作为孩子的座右铭，让他自我勉励。

总之，我们父母要明白，我们都想让孩子成为一个成功者，但真正成功的人一定是个心胸宽广的人。斤斤计较者满足于眼前的小利益，最终与成功无缘。因此，家长一定要注意孩子豁达性格的培养，不要让孩子原本

豁达、宽广的胸怀被搁浅甚至缺失！

孩子调皮好动如何引导

5岁的妞妞相比其他同龄的女孩来说，显得格外活泼好动。周末，妈妈带她到公园去玩。妈妈一边在前面走着，一边轻声和女儿交谈着，可是一回头却发现小家伙不见了，妈妈急忙四处寻找，发现在不远处的草地上，妞妞正趴在地上，专注地玩什么东西。

妈妈悬着的一颗心落了下来，她悄悄地走到妞妞背后，发现小家伙正专心致志地用一根草棍拨弄着一只小蚂蚁，翻来覆去，仔细观察蚂蚁的每个动作。"宝宝，你在干什么？"妈妈问。"妈妈，我正在玩小蚂蚁。"妞妞连头也没回。妈妈受到了启发，这是孩子产生好奇心的表现。

回家后，妈妈给妞妞买了一只玩具小鸟、它会叫、会飞。妞妞高兴极了，爱不释手，她专心致志地观察小鸟的各种动作。第二天，当妈妈下班回家，却发现女儿正在动手拆玩具鸟，桌子上已经有几个小零件了。见妈妈来了，妞妞显得有些害怕。妈妈故意板着脸问："你怎么把玩具给拆开了？"妞妞怯生生地说："我只是想看看它肚子里有什么，为什么它会拍翅膀、会叫。"

妈妈很高兴，她相信：会玩的孩子才能会学，她必须抓住这个时机，培养孩子的智力。于是，她鼓励女儿说："宝贝，你做得对，动手操作才能知道它为什么会拍翅膀。"听了妈妈的鼓励，妞妞高兴极了。不一会儿就把玩具鸟给拆开了，并对里面的结构观察起来。

妞妞妈妈做得对，会玩的孩子才会学，活泼也是一种气质，每一个活泼好动的孩子，总是具有敏锐的观察力、想象力和思考力，而这些是成才的关键。

生活中的不少父母可能认为自己的孩子很调皮，总是给你惹麻烦。有时他还很固执，不听你的话。其实，只要你合理引导，你就会找到孩子的天赋所在。

有位母亲产生了这样的疑问："当我女儿在桌上不断地用手指比画着想象在练琴时，如果我们真的给她提供一架钢琴，这到底是件好事还是坏事？假如我们这样做了，孩子的想象力就得不到应有的锻炼了……"

这个母亲的担心的确有一定道理，然而还是应该为女孩提供真正的钢琴。因为如果孩子想象中的需求得不到满足，他的想象力可能会受到限制。如果他拥有了梦寐以求的东西，就会得到及时的训练，提高自己的能力，甚至想象自己已经成了一名伟大的音乐大师。很多音乐家就是这样成长的。永远不要担心孩子的想象力会穷尽，因为一个想象的满足，会激发更新更多的想象。

对于孩子活泼好动的行为，我们父母可以这样引导：

1.理解孩子调皮好动的行为

很多孩子调皮捣蛋，父母带他出去玩，他总是喜欢做一些危险动作，比如登高、从高处往下跳。父母因为担心他的安全而制止他的行为。

孩子是需要自由空间的，需要有广阔的天地来让他们成长，因此，对于孩子那些活泼好动的行为，我们不必强加干涉，只需要做到保护他的安全。要知道，孩子在奔跑、跳跃、攀爬这些活动中，更易获得健康的身体，也更易活跃大脑。

2.尊重孩子的喜好

不少父母为了培养孩子，总是不停地为自己的孩子安排各种培训班，企图让孩子掌握各种技能，备战竞争激烈的未来。这种做法似乎无可厚非，但是，家长忽略了一点，那就是忽略了孩子活泼的天性，孩子多彩的童年失去了，孩子天真的脸上没有了笑脸，取而代之的是厚厚的眼镜，是被紧张学习压迫的苦闷的脸。

其实，正确地教育孩子，就应该根据孩子的天性来培养。然而，有些父母命令孩子去做这做那，把学习当作任务要他去完成，甚至为此羞辱、责骂孩子。其实，这样做的结果很可能是既让孩子对学习感到厌倦，也毁掉了孩子本身的气质，使他变得呆板、混混沌沌、行动迟缓。

只有建立在尊重孩子天性基础上的教育才是有效的，才能挖掘出孩子的潜能，才能让孩子健康、快乐地成长。

从小培养孩子积极乐观的心态

乐观的人往往善于在平凡的日常生活中找到快乐，在不愉快的情境中找回欢乐，能轻松自如地化解一些尴尬，以积极的心态来面对生活，不但自己整天开开心心，也能感染别人，使别人同样感到快乐。可见，乐观的心态对人来说是很重要的。

心理学的研究表明，乐观的孩子开朗、活泼；对待生活热情，不怕失败，敢于尝试；对事物充满极大的兴趣，创新意识较强。乐观的孩子在学校的表现往往比较好，长大了也容易获得成功。我们还发现，那些成功人士，无不有着乐观的心态，而他们乐观的心态，是在经历了人生的磨难和生活的历练后获得的。现在很多家庭，父母辛苦打拼，全部心血都是为了孩子。家长满足孩子的一切要求，吃好的，穿好的，玩好的，甚至还想要给孩子留下一笔可观的财产，父母想着孩子的一辈子，可是这样优越的生长环境，却造成了孩子心灵上的空虚，凡事悲观消极、闷闷不乐。这正是吃苦教育的缺失造成的。

乐观的心态不是每个人都会拥有的，但是可以培养，从童年时代就应该开始培养。作为家长，在孩子的成长过程中我们一般只注重孩子的健康和智商，却忽略了影响孩子一生的至关重要的一点，那就是健康的心理。那么，培养孩子积极乐观的心态，家长该如何做呢？

1.勿对孩子控制过严

作为家长，当然不能对孩子不加管教、听之任之，但是控制过严又可能压制孩子天真烂漫的童心，对孩子的心理健康产生消极作用。不妨让孩子在不同的年龄阶段拥有不同的选择权。只有从小能享受选择权的孩子，才能感到真正意义上的快乐和自在。

（1）让孩子有时间享受"不受限制"的快乐。家中孩子一旦开始喊叫、跳跃，父母便会想办法制止，孩子只好越来越乖了。但由此带来的是：孩子的热情和活力在一点点丧失，孩子的心灵也受到了压抑。

（2）体育活动。好的身体状况和运动技能，有利于让孩子树立正确的自我形象观。

（3）笑出声来。笑出来，对家长和孩子的健康都有好处。

2.鼓励孩子多交朋友

不善交际的孩子大多性格抑郁，因为时时可能遭受孤独的煎熬，享受不到友情的温暖。不妨鼓励孩子多交朋友，特别是同龄朋友。本身性格内向、抑郁的孩子更适宜多交一些开朗乐观的朋友。

3.教会孩子与人融洽相处

和他人融洽相处者的内心世界较为光明美好。父母可以积极引导孩子去接触不同年龄层次、性别、性格特质、职业种类以及社会地位的人群，从而培养他们与各类人群和谐共处的能力。当然，孩子首先得学会跟父母和兄弟姐妹以及亲戚融洽相处。此外，家长自己应与他人相处融洽，做到热情、真诚待人，不在背后随意议论别人，给孩子树立一个好榜样。

4.物质生活避免奢华

物质生活的奢华会使孩子产生一种贪得无厌心理，而对物质的追求往往又难以获得自我满足，这就是为何贪婪者大多并不快乐的根本原因。相反，那些过着简单生活的孩子，往往只要得到一件玩具，就会玩得十分高兴。这也是穷养男孩的要义之一。

5.让孩子拥有适度的自信

拥有自信与快乐性格的形成息息相关。对一个因智力或能力有限而充满自卑的孩子，家长务必发现其长处发扬光大，并审时度势地多进行表扬和鼓励。来自家长和亲友的正面肯定有助于孩子克服自卑、树立自信。

6.营造快乐的家庭气氛

家庭的气氛、家庭成员之间的关系，在很大程度上会影响孩子性格的形成。研究表明，孩子在牙牙学语之前就能感觉到周围的情绪和氛围，尽管当时他还不能用语言来表达。可以想见，一个充满了敌意甚至暴力的家庭，绝对培养不出开朗乐观的孩子。

父母最好不要在孩子面前争吵，如果被孩子看到或听到，必须当着孩子的面解决，表示父母已和好，还会和以前一样快乐地生活，这样有利于孩子的心理健康，不会对孩子造成对未来生活的恐惧感。

在对孩子的教育上，不能是父母一方在教育而另一方在偏袒，正确的做法是父母要阵线一致，对孩子的教育以讲道理为主，而不是靠惩罚。不过，对于一些原则性的问题，比如说谎、偷东西、逃学等，如果屡次说服教育不听，可以用惩罚的手段引起孩子的警戒，但惩罚要在孩子认识到错误并不再犯的同时顾及孩子的自尊心，惩罚后应及时给予孩子抚慰，让孩子明白惩罚他的理由和父母的良苦用心及对他的爱。建立一种相互信任的关系，孩子会因为父母表现出的对他的充分信任而自豪，有助于孩子乐观心态的形成。

7.不要苛求完美

父母不可太过于追求完美，如果总是对孩子表示不满和批评，会伤了孩子的自尊，使孩子失去自信。

教育是一门艺术，每个孩子的教育结果就是父母的艺术成果，历经磨炼的孩子往往更乐观，面对问题和挫折更能以平和、阳光的心态面对，好心态能让孩子在成长的路上走得更稳健！

为什么孩子心里只有自己，没有别人

这是在一所学校门口发生的匪夷所思的一幕：

有一对夫妇送7岁的儿子上学，到学校门口儿子不走了，要他爸爸叫他一声"爸爸"才肯进去。当爸的觉得在大庭广众之下叫不出口，求儿子免他一回。儿子自然不肯，不叫就不进去。他妈妈在一边撺掇他爸："你赶快叫吧！你就满足他的要求吧！"这当爸的没办法，对儿子叫了一声"爸爸"，儿子"唉"了一声，进校门了。

我们发现，生活中不少孩子有自私心理，他们只知有自己，不知有别人。他们以为自己的欲望都应该得到满足，无需感恩和回报；如果不给予满足，是家长的错；至于别人，包括最亲近的父母亲、老师的需要，与他无关，他无须考虑。

亡羊补牢，为时不晚，孩子还处在人格的塑造期，那么，家长具体应该怎样解决孩子的自私心理呢？

1.父母要做好孩子的行为榜样

父母要做与人分享的模范，经常主动地关心帮助他人，如帮助孤寡老人、给灾区人民捐衣送物等。

2.不要溺爱孩子

孩子吃独食，不愿与他人分享，是与父母的溺爱密切相关的。很多父母出于对孩子的爱，把好吃的、好玩的全让给孩子，孩子偶尔想与父母分享，父母在感动之余却常说："我们不吃，你自己吃吧。"长此下去就强化了孩子的独享意识，他们理所当然地把好吃的、好玩的据为己有。

3.告诉孩子分享不是失去而是互利

孩子之所以不愿与人分享，是因为他觉得分享就是失去。父母应该理解孩子这种难以割舍的"痛苦"，让孩子明白，分享其实不是失去，它是一种互利。分享体现了自己对别人的关心与帮助，自己与别人分享了，别人也会回报自己同样的关心与帮助，这样彼此关心、爱护、体贴，大家都会觉得温暖和快乐。

4.不能让孩子搞特殊化

在家庭生活中要形成一定的"公平"环境，这无疑对防止孩子滋长"独享"意识有积极的意义。父母还要教育孩子既看到自己也要想到别人，知道自己与其他成员是平等的关系，自己有愿望，别人也一样有愿望，好东西应该大家分享，不能只顾自己不顾别人。

5.给孩子分享的实践机会

经常让孩子与小朋友开展生动有趣的活动，孩子与小朋友们共同活动，共同分享活动的快乐。另外，应常创造孩子为父母服务的机会，如家里买了水果、糕点时，让孩子进行分配，如果孩子分配得合理，就及时表扬强化。

　　自古以来，无数事实说明：骄纵败子，不少人失败的原因，不在于别人，而是娇惯溺爱他的父母。因此，父母应该让孩子经历生活的磨炼，懂得感恩，懂得爱别人，让孩子拥有健全的人格，这是教育孩子的根本！

第 06 章

孩子的成长需要友谊，父母应引导孩子理性与人交往

对于成长中的孩子而言，他们主要的人际关系有三种类型：同伴关系、师生关系、亲子关系。当孩子在学习、生活上遇到挫折而感到愤闷抑郁时，向知心挚友倾诉，就可以得到心理疏导，身心也就更健康，学习更有劲。而那孤僻、不合群的孩子，往往有更多的烦恼和忧愁，甚至影响正常的学习和生活。作为父母，我们要明白的是，成长中的孩子都需要友谊，而帮助孩子提高交际能力也是家庭教育的重要内容，要做到这一点，需要我们在日常生活中逐步引导，帮助孩子真正学会如何交友，如何获得友谊！

为什么你的孩子人缘差

生活中，当孩子上学后，生活的圈子会比小时候更大，他们都希望在学校能被其他小伙伴喜欢，但有不少孩子有这样的苦恼："不知道怎样才能被同学和朋友们喜欢。"的确，我们的孩子也希望交朋友，不受同学欢迎、人缘差，这的确是困扰孩子和家长的一个问题。

妞妞今年三岁半了，以前妈妈让她跟别的小朋友一起玩，她总是推辞，往妈妈身后躲，但从今年开始，妞妞好像完全变了一个人，妈妈带她到公园玩，不到一会儿，她就跑到其他孩子身边去了。孩子爱交朋友是好事，但妈妈却担心一点，妞妞好像并不是很受人欢迎。

今年妞妞上了幼儿园，但她不喜欢别人碰她的东西，也不喜欢跟人分享，回家后，妈妈问她为什么不愿意跟其他小朋友交换玩具，妞妞说："那是我的玩具，我为什么要给他们玩？"妈妈告诉妞妞："要交到好朋友，就要懂得付出啊，你愿意把玩具分享给其他小朋友，他们也会愿意分享给你，这不是很好吗？"妞妞若有所思地点点头。

故事中的妞妞为什么突然喜欢交朋友了？这是因为孩子到了人际关系敏感期，随着他们不断成长，孩子开始学会认识自己、形成自我意识，所以也开始学会和同伴交往，表达自己的感情。

其实，孩子人际交往敏感期就是从分享食物和一对一的玩具交换开始的。可是怎样建立友谊，怎样化解人与人之间的分歧和矛盾，让我们拥有更多的朋友，得到别人的认可，恐怕很多成年人都觉得无所适从。其实当我们还处在孩子阶段就开始了人与人之间关系的探索。很多家长意外地发现懵懂的孩子刚上幼儿园就已经有了一个属于自己的小群体，这到底是为什么呢？

孩子正处在人际关系敏感期。这样的过程才符合孩子心理成长的规律。孩子们在一起玩耍的过程中，他们的人际关系逐渐建立起来了，他们平等地交往着，他们学会了承受、判断、如何与人说话、如何揣摩别人的心理，这奠定了他们人际交往的基础，这段时间对于孩子们来说实在是太重要了，他们需要大人的理解，更需要大人有技巧的帮助。

作为父母，我们不但要成为孩子学习上的指导者，更要成为他们成长路上的知心朋友，当孩子有了烦恼和困惑后，我们要为其答疑解惑。

对于孩子不受人欢迎的问题，我们要告诉孩子，受人欢迎的孩子一定是有受人喜欢的性格、品质的，而如果不被人喜欢，就要从自身寻找原因，这样才能有针对性地改变自己。比如，你可以这样说："你可以先和好朋友聊聊原因，再自己回想下自己在哪方面做得不够，也可以让他们帮忙问问班里的其他同学为什么不喜欢你。也可以拿张纸，写出你认为班上受欢迎的同学交际好的原因，为什么受欢迎，比方他说话方式、内容，再与自己做对比，就能找出原因了。"

孩子都想成为受人欢迎的人，对此，你要告诫孩子形成良好的交往品质，这些品质包括：

1.自信

自信是人际交往中重要的一个品质，因为只有自信，才会将自己成功地推销给别人认识。无数事实证明，这类人更易赢得他人的欢迎。自信的人总是不卑不亢、落落大方、谈吐从容，而非孤芳自赏、盲目清高。对自己的不足有所认识，并善于听从别人的劝告与帮助，勇于改正自己的错误。培养自信要善于"解剖自己"，发扬优点，改正缺点，在社会实践中磨炼、摔打自己，使自己尽快成熟起来。

2.真诚

"浇树浇根，交友交心。"想要交到真正的知心朋友，就要学会真诚待人，真诚的心能使交往双方心心相印，彼此肝胆相照，真诚的人能使交往双方的友谊地久天长。

3.信任

在人际交往中，信任就是要相信他人的真诚，从积极的角度去理解他人的动机和言行，而不是胡乱猜疑，在心里设防护墙，因为信任是相互的，尝试信任别人，你也会获得信任。美国哲学家和诗人爱默生说过："你信任人，人才对你重视。以伟大的风度待人，人才表现出伟大的风度。"

4.自制

与人相处，难免会产生一些小摩擦，此时，一些孩子可能会吵闹、打架，为了避免这一点，我们在平时就要告诉孩子懂得克制自己的情绪。学会克制自己的情绪，就能有效地避免争论，达到"化干戈为玉帛"的效果。

5.热情

在人际交往中，热情的人总是不缺朋友，因为别人能始终感受到他给的温暖。热情能促进人的相互理解，能融化冷漠的心灵。因此，待人热情是沟通人的情感，促进人际交往的重要心理品质。

人际交往确实是一门学问，其实，在教育孩子的过程中，我们不仅要让其学习到文化知识，更要着力培养他们好的性格与品质，这样，他们在未来人生道路上会有更广泛的人际关系和更多人的支持与帮助。

鼓励孩子多为他人着想，培养其同理心

有位妈妈是这样教育自己的孩子的：

"有一次，朋友给我的儿子买了一顶帽子。儿子一戴，抱怨帽子小，戴着还觉得头皮发痒，一脸不高兴，更没有主动表示感谢之意，弄得我很生气，朋友也一脸尴尬。等朋友走后，我就问儿子：'如果你买了一个礼物送给别人，结果人家看到你送的东西一脸不高兴，你心里会怎么想？如果对方高高兴兴地接受，并大大方方地谢谢你，你是不是会很愉快呀？'儿子知道自己做得不对了，当天就打电话给送礼物的阿姨表示感谢，并为自己的失礼道歉。后来，儿子渐渐学会换位思考，没有我们的指点，他也能独立地面对别人的好意并主动说出感谢、感激的话了。"

看完这个案例，不得不说，这位妈妈是教育的有心人。可能不少父母也都会感叹，如果我的孩子也懂得换位思考、懂得理解别人就好了。

不得不说，现实生活中，不少孩子与周围的一些人发生矛盾，都是因为不懂得换位思考导致的，每个孩子在成长过程中，独立意识都在不断增强，我们若希望孩子成为一个贴心、善解人意的人，就要在这个阶段对他们进行引导。为此，我们可以这样引导：

1.让孩子清楚自己的份额

从孩子三四岁起，就要让孩子开始认识到自己在家庭中的位置。比如，有了好吃的，不要只留给他一个人吃，可以根据家里的人数分成几份，让他知道自己的食物只是其中的一份，而不是全部，懂得与人分享的概念。如果爸爸妈妈舍不得吃，可以留给孩子，但是要让孩子知道这种"优待"之中有父母的自我克制和爱，并不是理所当然。

2.引导孩子学会分享

在许多人眼里,帮助他人,意味着付出,意味着对自我的克制,其实更多的人还是在助人的过程中发现了快乐,带孩子体会与人分享带来的快乐,他会更愿意与人分享并帮助他人。应尽量避免给孩子树立负面的榜样。

3.告诉孩子学会换位思考

孩子之所以会自我中心,因为他不知道自己的行为会给别人带来什么样的负面影响,可以引导孩子站在他人的角度思考问题,学会换位思考。

4.给孩子提供关心他人、为他人着想的机会

例如,爷爷下班回来,爸爸帮爷爷倒杯茶,就让孩子为爷爷拿拖鞋;奶奶生病了,妈妈为奶奶拿药,就让孩子为奶奶揉揉疼的地方;自己头痛时就让他帮忙按摩按摩太阳穴,日子长了,孩子会学会许多他应该做的事情。再如上街买菜时,让孩子帮忙拿一些他能拿得动的东西,有好东西吃就他让送给家人吃,或者邻居家的孩子吃。孩子每碰到类似情况,就会如法炮制,慢慢就会养成关心他人的习惯。

5.对孩子的关心他人的行为给予表扬和鼓励

孩子帮妈妈擦桌子、扫地了,父母就要口头表扬孩子"呀!宝贝长大了,知道疼妈妈了,今天能帮妈妈干活了";当孩子与邻居小朋友玩时,主动将玩具让给同伴玩了,就抚摸着他的头"你真棒",或者给孩子一个吻等。

6.换位思考也需要父母转变观念,多从孩子的角度考虑问题

苏霍姆林斯基讲过这样一个故事:

童年时他住的地方离一间杂货店很近,每天都能看到大人把某种东西交给杂货店老板,然后换回自己需要的物品。

有一天，他想出一个坏主意，将一把石子递给老板"换"糖，杂货店老板迟疑片刻后收下了石子，然后把糖换给了他。苏霍姆林斯基说："这个人的善良和对孩子的理解影响了我终生。"

这位杂货店老板不是教育家，但他拥有教育者的智慧：他没有用成人的逻辑去分析孩子的行为，而是从孩子的角度，用宽容维护了一个孩子的尊严。因此，教育孩子要学会理解，重在引导，体验他们的感受，才能对症下药。

在平时，家长应有意识地引导教育孩子，爱孩子应爱得理智，我们要多鼓励孩子为他人着想，在孩子的幼小心灵里埋下爱的种子，孩子就会主动地关心别人，并能主动分享。这对于孩子的人格发展很有必要，也不能忽视！

如何引导孩子学会尊重他人

我们都知道，现代社会，我们所说的精神文明建设中，文明礼仪是重要内容，是社会文明程度的标尺，更是一个人文化素养的体现。在家庭教育中，对孩子从小进行文明礼仪培训，对其进行文明礼仪的培养，具有特别重要的意义。懂文明、知礼仪的孩子往往在人际关系中更受欢迎。

然而，在所有的礼仪中，最基本的就是对他人的尊重，这是最基本的需求。美国哲学家约翰·杜威说："人类本质里最深远的驱策力就是希望具有重要性。"每一个人来到世界上都有被尊重、被关怀、被肯定的渴望，当你满足了他的要求后，他就会对你尊重的那一个方面焕发出巨大的热情，成为你的好朋友。

事实上，尊重别人是每个人必备的精神品质，难怪有人说："尊重生命、尊重他人就是在尊重自己的生命。"

换句话说，我们只有教育孩子学会尊重别人，才有可能与人交往，建立良好的人际关系，并同样获得来自他人的尊重。

这天，午休时间，别的小朋友都睡了，而豆豆睡不着，准备去上厕所，他正起身的时候，旁边的小波也起身，两个人撞在了一起，可能小波被撞疼了，他白了豆豆一眼,怪声怪气地说："闪开！"

豆豆瞪大眼睛，气愤地回应："你！没长眼啊？"

小波嗓门也很高："你才没长眼呢！"

豆豆更是扯着嗓子喊："你眼瞎了啊！"

小波向前一步嚷："你才瞎了呢！"

两个人脸红脖子粗，谁也不肯道歉，最终动起手来，小波冲动地把豆豆的额头碰出了一个包，眼看着受伤的豆豆，小波后悔不已，吓得不知道该怎么办才好。老师还把他的父母请到学校来了，小波的爸爸妈妈很通情达理，并没有指责儿子，看着委屈的儿子，他们反倒安慰起来。

"爸妈，我该怎么办呢？帮帮我吧！"

妈妈问小波："孩子，你真的知道自己错了吗？以后再发生这样的事情你知道该怎么做吗？"小波忙不迭地点头。

"那你跟妈妈说说你该怎么做？"妈妈问小波。

"要注意礼貌，撞到别人，要说'对不起'，而不是恶语伤人。"小波对妈妈说，妈妈听完，欣慰地点点头。

小波和豆豆之间出现矛盾并且最终大打出手，主要就是因为不懂得互相尊重。可见，是否能文明礼貌直接关系到孩子的人际关系。

要知道，一个要想得到尊重的孩子，就必须先尊重别人，尊重是自己争取的，而不是别人给的。家长要孩子克服以自我为中心和任性、蛮横行为的同时，也要防止矫枉过正，注意在平时的日常生活中对孩子进行正确的引导和鼓励。

然而，我们发现，现代家庭中，由于父母教育的缺失，一些孩子总是以自我为中心，他们并不懂得尊重他人，更别说关心周围的人了，甚至有时候还发生不尊重他人的行为，比如给别人起外号、看到别人出丑就嘲笑，或者看到别人倒霉就幸灾乐祸。

虽然在孩子看来，这些行为比较好玩、只是看个热闹，他们也不知道他们的行为已经伤害了别人的自尊，但如果我们父母不加以引导，那么孩子就很可能没有是非分辨能力，不能纠正自己的种种行为，因而也就不会尊重别人。相反，只有家长及时引导和培养，才会让孩子的错误行为尽快消失，形成正确的行为。

具体来说，家长可以做到以下几点：

1.把尊重别人作为家庭价值观甚至是一种制度来让孩子从小履行

这样，孩子就会把尊重当成一种习惯，即使在遇到困难和挫折时，也不会抛弃这一观念。

家庭价值观是指父母双方都遵从的，并且渗透到家庭日常生活中的价值观念。家庭价值观对孩子有十分强大的影响力。而将这些价值观念强加给孩子时，他会拒不接受，只有家长持之以恒地言传身教，并且不断地引导孩子，他们才会接受。

能够对孩子的观念产生最有意义的影响的、最重要的家庭价值观是有关社会价值方面的，这种有关社会价值的观念关注的是人的价值和人与人之间的关系，那些懂得尊重别人的孩子往往是受了以下家庭价值观的影响：

（1）所有的人都是有价值、有意义的个体，都值得尊重。

（2）尊重别人非常重要，懂得关心别人，为别人作贡献，理解、接受和尊重来自不同家庭和背景的人。

（3）摩擦和冲突是不可避免的，而且可以通过友好文明的方式加以解决。

2.孩子也需要父母的尊重和信任

这就要求家长对孩子的感受表示理解和关心。每个人都有感情，而且有时会感到困惑或痛苦。要努力理解孩子的感受，不要由此对他们形成什么判断或者试图改变他们，帮助孩子感觉到自己被接受、被尊重，相信他们能够为今后面对生活中的困难做好准备。

3.帮助孩子建立起同情别人的态度

生活中，当他人遭受不被尊重的事件时，我们可以引导孩子，告诉他，如果这种情况发生在自己身上，自己会有何感受？这样，孩子就会设身处地地体会到不受别人尊重的感受，从而学会尊重他人。

4.让孩子体会不尊重人的后果

当发现孩子有不尊重他人的行为时，家长可采取一定的措施，让他知道这样做的后果。比如，将孩子已经放在购物车的零食放回超市货柜，暂停他现在正在玩的游戏等。

不过，此处需要注意的是，千万不要当着别人的面指责孩子的行为，那样就变成你不尊重孩子了。

总之，教育无小事，作为家长，培养孩子尊重他人的这一意识，需要父母从日常生活中的细节入手，不要让孩子出言不逊、恶语伤人，失礼不道歉，无理凶三分，乘车争先恐后，在公共汽车上见老人或抱小孩的妇女不让座……防微杜渐是培养孩子良好素质和社交能力的重要体现。

从小培养孩子优雅的谈吐

作为父母，我们都知道，我们给予孩子的不仅是生命，还有人格力量、品质、修养等，一个出色的孩子，与良好的家庭教育是分不开的。正如塞德兹说过："人如同陶瓷器一样，小时候形成一生的雏形，幼儿时期就好比制造陶瓷器的黏土，给予什么样的教育就会形成什么样的雏形。"每个成长期的孩子，都希望被周围的人喜欢，要做到这一点，孩子就必须拥有优雅的谈吐。

一个谈吐优雅的孩子，能做到待人接物彬彬有礼、不卑不亢；谈吐优雅的孩子，餐桌上行为得体；谈吐优雅的孩子，不和父母顶嘴，不打断别人说话；谈吐优雅的孩子，随时随地体贴照顾他人，尊敬和关心他人；谈吐优雅的孩子，把"请"和"谢谢"挂在嘴边。总之，踏入社会的父母更要深深明白，举止优雅将会为孩子带来无穷的魅力。但在现实生活中，由于家庭教育中修养教育的缺乏，很多孩子在谈吐上没有形成一种很好的习惯，这让很多父母非常头疼。

一位母亲道出了自己的忧愁："人家小姑娘穿得干干净净的，说话甜甜的，很讨人喜欢，但我女儿就是个'调皮大王'，说话大喊大叫，把玩具弄得'身首异处'，喜欢和男孩子在一起疯，小裙子上总是脏兮兮的，我怎样才能培养出一个谈吐优雅的小淑女呢？"

如果一个孩子谈吐上毫无顾忌，处处淘气，这的确是一件让父母感到头疼的事情。如果父母顺其自然，那孩子势必会在行为举止上缺乏教养，如果父母严加管束，又极有可能会扼杀孩子的天性。

那么，身为父母，我们究竟应当怎样去约束孩子不当的说话方式，一点一滴地培养起孩子优雅的谈吐呢？

第一，作为父母，应该以一个有修养、谈吐优雅的形象来给孩子起示范作用。孩子是父母的镜子，所以，培养孩子优雅的谈吐，更需要父母言传身教。

一位妈妈这样写道："别以为小孩什么事情都不懂，她可都看在眼里呢。有一次她冲我发脾气，我就说她：'小姑娘不可以这么大声说话'，结果就听到她小声嘟囔：'妈妈和爸爸不开心的时候也这么大声说话的。'听到女儿这么说，从那以后，我尽量克制自己的急性子，暗自发誓要给她树立一个优雅妈妈的好榜样。"

无数事实证明，父母的一言一行对孩子的影响是巨大的，如果父母说话大嗓门，那孩子讲话也必然不能细声细语；父母说话无所顾忌，孩子自然也会大大咧咧……所以要想培养出孩子优雅的谈吐，父母要先提升自己的语言修养。

第二，告诉孩子谈吐优雅的标准。在日常生活中，父母们不妨参照以下标准，对孩子提出合理正确的要求：

（1）父母要教育孩子，与人谈话的时候，要表现出对他人的尊重、理解和善意，要面带自然的微笑，千万不要出现随便剔牙、掏耳、挖鼻、抠脚等不良习惯动作。

（2）在言谈措辞上，父母要让孩子养成使用文明礼貌用语的好习惯，如经常说"您好""谢谢""请""对不起""没关系"等。父母还应告诉孩子，沉默寡言、啰唆、重复都是不好的语言表达方式。需要注意的是，父母向孩子讲解优雅举止的标准时，不要用教训命令的口吻，而是要循循善诱、谆谆教导。当谈吐优雅成为孩子一种不自觉的习惯时，孩子卓尔不群的气质也就形成了。

第三，父母要多提示和表扬孩子。孩子一些错误的语言往往出于考虑少，而不是有意冒犯。如果父母此时严厉斥责，制订规矩，往往会使孩子产生反感和抵触情绪。因此，想让孩子变得谈吐优雅，最好的方式就是提示和表扬。

比如，父母可以制订一些家庭内部的基本原则，来引导孩子谈吐文雅，如果你想说"你这个没教养的孩子，吃饭时不能大声说话"，可以换成这样说："我们家的规矩是吃饭时不能大声说话"。这样孩子比较容易接受，因为你是在说一种制度、一种行为，而不是在批评她。

谈吐优雅是一个孩子有修养和气质的重要表现，谈吐好的孩子，能由内而外散发出一种优雅。父母如果在孩子还小的时候，就注重对其谈吐的培养，那么孩子长大成人之后，势必会成为一位彬彬有礼的年轻人！

孩子骄傲自大该如何纠正

中国人素来以谦卑闻名。谦卑是一种智慧，是为人处世的黄金法则，懂得谦卑的人，必将得到人们的尊重，必将被人们认同和喜爱，受到世人的敬仰。一副高高在上的姿态，一副得意忘形的面孔，一副颐指气使的神情，一副专横跋扈的气势……以这种傲慢的姿态处世，迟早会失败。可见，谦逊能够克服骄矜之态，能够营造良好的人际关系，对于成长中的孩子来说，谦逊的孩子也会更有教养。

而现代社会，很多孩子出生于独生子女家庭，很多父母并没有关注到对孩子的教养的培养，精神教育的缺乏让这些孩子很容易产生骄傲自大的情绪。而这往往阻碍了孩子在人际交往中的表现。

有个女孩对自己的前途充满了信心，因为她在学校一直都表现得很出色，而且多次获得征文比赛的大奖。她一心想到贸易公司工作，并写了许多简历资料前去应聘。

其中有一家公司写了一封信给她："虽然你自认文采很好，但是我们看了你写的简历，直言不讳地说，你的文章写得很差，甚至还有许多语法上的错误。"

受到打击的女孩心底很不服气，"我怎么可能在简历上出错误呢？"但是，当她回头仔细查看她的简历时，发现确实有些她没有察觉出来的错误，而这些错误的拼写和语法自己一直都这样用，却不知道它们是错的。

于是她写了一封感谢信给这家公司，信上是这样写的："谢谢贵公司给我指出我经常犯的错误。我会更加细心的。"几天后，她再次收到这家公司的信函，通知她可以上班了。

人人都喜欢谦虚的人，而不会与自以为是的人为伍。即使是在提倡"毛遂自荐"精神的今天，谦虚依然不失为一种伟大的美德。持有谦虚精神的人如同持有一张通行证，可以畅通无阻地行走于社会，因为谦虚的人更有教养，更知礼仪。那么，父母应该怎样培养一个谦虚的孩子呢？

1.不要过度夸奖孩子

父母对孩子过分地夸奖与肯定，很容易使孩子产生骄傲情绪，认为自己是最优秀的。一旦这种骄傲情绪产生，再纠正就困难了。

如今很多孩子的父母喜欢在众人面前炫耀孩子在这方面或那方面的"与众不同"，这样就很容易使孩子产生骄傲情绪。事实上，一些潜质很好的孩子之所以没能如愿地在未来成为栋梁，正是因为他的骄傲自满、狂妄自大。

骄傲自大的孩子往往不屑于与别人交往，心胸变得很狭窄。他们虽能取得一定的成绩，但往往只满足于眼前取得的成绩，而且他们看不到别人的成绩。只有谦虚的孩子才有机会看清自己，看清别人，从而博采众家之长。

2.用故事来告诉孩子谦虚为人的道理

比如"水满则溢"的故事：

一个容器若装满了水，稍一晃动，水便溢了出来。一个人若心里装满了骄傲，便再也容纳不了新知识、新经验和别人的忠告了。故古人云："满招损、谦受益。"

另外，还有爱因斯坦的故事：

爱因斯坦在科学界的成就早已家喻户晓，但即便如此，爱因斯坦依然是个谦逊好学的人。有一次，一位学生问他说："老师的知识那么渊博，为何还能做到学而不厌呢？"

爱因斯坦很幽默地解释道："如果我们将获得的知识比喻成一个圆的话，那么，未知的部分就是圈外的部分，圆越大，其周长就越长，他所接触的未知部分就越多。而现在，我的圆比你的圆大，所以，我发现自己还未学到的知识比你多，这样一想，我有什么资格不努力学习呢？"

当然，这些道理和故事最好来源于孩子周围的生活环境，尤其是同时代、同年龄的其他孩子的优秀事迹对孩子更具有激励作用。让他们知道：天外有天，人外有人。很多事物的优越性都是相对的，我们所拥有的，永远都微不足道，所以我们没有理由不谦虚。

3.父母要用自身的言行影响孩子

父母切不可有骄傲自满的表现，因为一个尚未形成价值观、社会观的孩子极易受父母的感染。

父母要为孩子创造一个有利于培养孩子谦虚品质的大环境，并同时和老师配合。在教育孩子谦虚的同时肯定孩子的长处，让孩子认识到只有谦虚才能使人不断进步。

人际交往中，谦虚既是一种姿态，也是一种风度，一种修养，一种品格，一种智慧，一种谋略，一种胸襟。一个人不管有多丰富的知识，取得多大的成绩，推而广之，或是有了何等显赫的地位，都要谦虚谨慎，不能自视过高。孩子也一样，谦虚的孩子更有教养，更受人欢迎。

孩子霸道自私怎么办

我们都知道，现代社会的家庭里，孩子往往是家中的"小皇帝"或"小公主"，基本过着"一个中心"的生活，这容易养成孩子以自我为中心的行为习惯，在与人相处的过程中，给人留下霸道的印象。

实际上，这种状况对成长中的孩子来说是非常危险的。每个孩子都渴望自我价值感和归属感，这是他们前进的动力。然而，同伴的疏远会使孩子变得孤独，长期下去，孩子既难以交到真心朋友，也妨碍其形成良好的人际关系。

6岁的多多虽然是个女孩，但调皮，她在幼儿园俨然是个"老大"，大家都怕她，老师让小朋友们排队离开教室时，她总是要站在第一个；老师让大家做游戏，她在地板上爬来滚去地疯；小朋友们正在唱歌，她要站在台上乱吼一通；她还要求所有女孩都听她的，她喜欢的玩具就要独占，不让其他小朋友碰……

后来，其他小朋友每每看到多多来了，都悄悄躲开，多多感到很孤单。

很明显，幼儿园的小朋友都不喜欢多多这样的孩子，因为谁也不喜欢霸道的人，谁也不喜欢被干扰。对此，如果你的孩子也很霸道，一定要循序渐进地纠正，以下是一些建议：

1.为孩子营造和善、友爱的家庭氛围

相信不少父母在与孩子发生争吵时，都可能说出这样的话："你滚吧！想去哪里就去哪里！"而孩子也会赌气与父母争吵，双方陷入僵持不下的阶段。久而久之，孩子的脾气越来越大，也就养成了霸道的个性，而这又导致了孩子更多的坏心态的出现，比如消极、悲观、自卑、浮躁、骄傲、自大、贪婪、偏执、嫉妒、仇恨等，它们就像愁云惨雾的阴霾、浓烟滚滚的烈焰，消磨孩子的意志，炙烤孩子的心魂。

而相反，相互关爱的家庭，孩子会多一份责任感，会体会到家长的艰辛，这样的孩子往往是积极向上的，也更懂得体贴他人，自然不会霸道。

2.告诉孩子没人喜欢被别人呼来喝去

当孩子出现霸道的行为时，可以把孩子放在一个安静的无人区域内，但要在父母视线范围内，不理孩子的任何哭闹行为。在孩子情绪渐渐稳定后，与孩子尝试沟通，并且讲述不可以霸道的理由。

帮助孩子改正霸道行为的第一步是先进行认知上的抑制，要让孩子认识到霸道行为只会让人讨厌，是交不到朋友的，相反，那些关心他人、谦逊、懂得合作的人是受人欢迎的。我们要这样引导孩子："今天你和别的小朋友在玩游戏的时候，我一直在旁边观察，你知道吗？正因为你喜欢指挥他们，他们都不愿意和你玩了。""你打开电视的时候，因为没有问小伙伴们想要看什么动画片，他们可都有点不太高兴了呢。"

3.告诉孩子要懂得分享

谦让是中华民族的美德，大多数父母也都明白一个道理，即孩子最终要走向社会，要在群体中生活。与人分享，才能得到别人的信任、支持和尊重。因此，父母们希望自己的孩子学会与人分享，养成慷慨、大方、谦让的美德。

实际上，由于家庭教育的缺失，特别是父母的溺爱，导致许多孩子自私自利、不愿分享，这对他们成为合格的社会成员是极为不利的。现实生活中，这种自私、不愿分享的孩子屡见不鲜，若长期如此，他们很难与人建立良好的关系。因此，从小培养孩子克服自私、学会分享的意识至关重要。

4.鼓励孩子大胆交朋友

友谊是每个孩子童年的重要组成部分。对孩子来说，结交朋友似乎是这个世界上最自然不过的事情。在交朋友的过程中，孩子也能认识到自身的缺点，也能懂得从朋友的角度来思考问题，进而逐步克服霸道的缺点。

总之，我们应当让孩子明白，友谊是人生中一份宝贵的财富。而要获得珍贵的友谊，孩子就必须学会换位思考，理解并尊重他人的感受，绝不能霸道任性。只有这样，您的孩子才能受益终身。

孩子与人产生冲突该如何引导

在家庭教育中，培养孩子的好性格是关键，也是重要目标之一，这样孩子才能拥有好人缘。而随着孩子的成长，他们的人际交往范围逐步扩大，人际关系中的矛盾会使他们产生"困惑""曲解"或"冷漠"等消极心理，并导致他们产生认识偏差、情绪偏差，进而会做出不适应、不理智甚至极端的行为反应。因此，在孩子与人发生矛盾时，家长要加强教育，指导孩子学会处理各种人际关系中的矛盾。

当孩子开始有了自立、独立的能力，有了与人交往的能力后，让他和同学、朋友一起玩，逐步提高谦让、忍耐、协作的能力。否则孩子总和父母与家人相处在一起，备受宠爱，培养不了这方面的能力，以后进入社会就不能很好地和同事相处。而教会孩子融洽地与人相处，孩子就可以利用人际关系登上成功的宝座！

丁丁、豆豆和东东是最好的朋友，但偶尔也会闹一些小矛盾，尤其是豆豆和东东之间。豆豆是一个内向的男孩子，而东东大大咧咧，口无遮拦，有时候，因为一件小事，两人就会展开"战争"。

一天，大清早的，丁丁还在吃饭，豆豆气呼呼地跑来，对丁丁说："东东怎么能这样，我怎么交了这样的朋友？"

"怎么了，发生什么事情让你发这么大的脾气？"

"昨天我们说好今天去王奶奶家看她养的小猫，今天一早我打电话给他，他在卫生间，电话是他妈妈接的，他说一会儿就出门的，结果我在他家楼下等了半天，也没看见他出来。于是，我就去他家找他，他却在家看电视，我问他为什么耍我，他说他根本不知道我找他的事，我一生气，就骂了他，结果他却打电话给他妈妈。你说，他这人怎么这样？"

很明显，这两个男孩之间的冲突来自一个小误会，只要找机会沟通，就能解释清楚。

的确，对于成长期的孩子来说，他们都需要交朋友，其是当今独生子女家庭，朋友让孩子更懂得爱，也让孩子的人生路走得更平坦，因为有朋友的陪伴，孩子也可以有一个灿烂的未来！但如果和朋友发生冲突，又该如何解决呢？

1.告诉孩子要大度、宽容

我们要让孩子明白朋友之间，难免个性不同、生活习惯不同，要学会彼此尊重和包容。人都是重情谊的，你帮他，他也会帮你，互相帮助中，友谊更加深厚。在深厚友谊的基础上，彼此给对方提一些意见是很容易接受的。不是什么原则上的大错误，不要斤斤计较，多包容。

2.让孩子懂得控制自己的情绪

孩子毕竟是孩子，很容易情绪化，我们父母要帮助孩子学会控制自己的情绪和脾气，要告诉孩子："当你被激怒时，可以转移注意力，或者数数，或者离开那个环境。当你学会控制情绪时，你就长大了。"

3.要让孩子懂得反省自己

你要告诉孩子一个道理，如果你的朋友中个别人对你有意见，可能是对方的问题，但如果你在大家中被孤立或者被众人排挤的话，估计就是你的问题了，此时，你要做的就是反省自己，看看自己哪里不对。你试想一下，你是不是太"自我中心"了——凡事很少为别人着想，自己想怎样就怎样，或对朋友不怎么关心等。

4.帮助孩子正确看待每个人的长处和不足

人无完人，金无足赤。我们可以告诉孩子："如果你发现你的朋友在外面彬彬有礼而跟你在一起有点粗鲁，可能正说明他真的把你当朋友，不能因为谁有某种不足就讨厌他，如果这个缺点不是品质上的，不是道德问题的话。大家能够走到一起，本身就是一种缘。"

5.让孩子多帮助别人和关心别人

我们要告诉孩子经常帮助别人的人，自己也会得到别人的帮助。"比如同学肚子疼了，给她灌一个热水袋，倒点热水；同学哭了，给她一张纸巾，拍拍她的肩膀，不用说话就能把关心传递过去……这都会让你和朋友们的感情升温。"

父母要理性引导青春期孩子与异性交往

一天,张太太给女儿莎莎收拾房间的时候,无意中看到从被子里掉出来的一张纸条,她就开始看起来:

"今天我遇到一件我怎么也想不到的事情:下课铃响了,上了一节课后,浑身难受,我就来到走廊上,舒展一下手脚向远处眺望,有一个男孩慢慢朝我这边走来,他是学校的学生会主席,很多女孩都喜欢他,暗恋他。他身高1.78米,很帅,很神气,从不正眼看任何一个女孩。我赶紧移开视线。谁知他来到我身边递给我一张纸条就走开了,我悄悄走到角落打开一看:放学后,我在校外等你。我突然变得紧张,脸一下就红了。

"放学后,我来到校外,他果然在那儿,他迎上来拉着我的手就走,我马上甩开他。后来,他带我来到咖啡店,我们点了两杯咖啡,他眼睛直直地看着我,很深情,一句话也不说,我怪不好意思的,低着头也不说话。他终于开口了:'我喜欢你,我们交往吧。'我吓了一跳。心怦怦跳得更厉害了,不敢正眼看他,害羞地跑开了,我该怎么办?我又不敢跟妈妈说。"

看完这些,张太太的心里久久不能平静。其实,她知道,女儿的内心也是矛盾的,但必须要告诉孩子学会正确地与异性交往,不能陷入早恋的泥潭。

与异性同学间的友谊是青春期孩子之间最为敏感的话题,同性间的友情是可以公开的,他们也会对某个异性格外关注,会把这一好感藏在心里,当被同学或家长问起来时,他们不愿承认。这恰好反映出青春期孩子的矛盾心理,这一时期的孩子会对异性产生兴趣,不过,他们的好感是不确定的、朦胧的,这期间,他们非常反感别人打探自己的想法,更讨厌别人来评价他们的做法。当家长、老师问及这方面的事时，他一般予以否认，仅说是普通同学关系，事实是，这一时期的孩子的情感正处于朦胧期、矛盾期，他自己也很难说清楚。为此，很多父母很担忧。

其实，青春期孩子之间交往的后果，并没有很多父母想象得那么严重，甚至有一些良性的结果，能实现优势互补。男生往往比较刚强、勇敢，不畏艰难，更具独立性；而女生则更具细腻、温柔、严谨、韧性等特点。因此，从心理学角度看，男女同学正常的交往活动可以促使双方互补，对性格发育和智力发育都有益。

进入青春期的男女同学都有同样的心理，都希望自己能够成为受到异性注目和欢迎的人，为此。他们会努力改变和完善自己，让自己变得更好，这是一个自我发展的好机会，能帮助孩子改善不少自身缺点。从小培养孩子与异性建立健康的情感，使他们能够理解异性、尊重异性，与异性发展自然的、友爱的关系，会为他们今后顺利地进入恋爱和婚姻关系奠定良好的基础。

而同时，单就青春期这一阶段来说，男女同学共同学习，相互帮助，友好相处，这是很有必要的，但与异性相处，一定要大方面对。那么，这个交往的原则应当如何把握？

父母要告诉青春期的孩子，在与异性交往的过程中要注意以下三个问题：

1.要有良好的交往动机，以促进双方共同进步为前提进行交往

以良好动机为指引下的男女同学共同的学习、活动，才会不断产生新的健康的内容，产生不断向前迈进的动力。

2.要把握语言和行为的分寸

交往要大方、要尊重异性，并且要开朗、热情，同时要与异性同学互帮互助，真正体现异性间的友谊。

3.扩大交往的范围,尽量不单独与某一异性活动

积极主动参与集体活动,努力使自己成为集体中活跃的一员,保持男女同学之间正常的友谊,不要让友谊专注在某一个人身上。尽量不要单独与某一异性同学相处。

总之,面对孩子与异性交往的问题,我们父母不可捕风捉影,但也要留意孩子的行为和心理,并指导他正确处理和异性的关系,使其快乐地度过暴风雨般的青春期。

第 07 章

注重孩子综合能力的培养，别让孩子成为只会学习的"书呆子"

作为父母，我们都知道学习对于孩子的重要性，然而，如果孩子只是一个只知死读书的"书呆子"，那么是无法适应未来社会的竞争的，我们父母必须要把孩子培养成灵活多变、全方位的人才。为此，我们要因势利导，激发孩子学习的兴趣，挖掘孩子的潜能和长处，弥补其短处，据此来培育孩子出众的学习能力，把孩子培养成一个富有智慧的人，让其受益一生！

学习能力很重要，但更要注重孩子的道德修养

牛牛已经初一了，周末这天早上，妈妈带牛牛去新华书店买练习资料。在过马路的时候，牛牛和妈妈看见一个老爷爷颤颤巍巍地拄着拐杖，好像要过马路的样子。牛牛正准备去扶一下老爷爷，妈妈却说："别去，他那么脏，马路上这么多人，会有人帮忙的……"

牛牛听到妈妈这么说，只好作罢。

案例中，牛牛的善举被妈妈打断了，表面上看，这是一件小事，但实际上却不利于孩子正确的道德观的形成。

古人云："听其言，观其行。"就是说，通过一个人的言行，可以对他的思想道德和价值取向做出基本的评价和判别。我们的一言一行在某种程度上体现了自身的文化素养和道德准则。

可能很多家长会感叹：孩子在慢慢长大，原本以为他会懂事，但没料到孩子会变得冷漠、没有爱心。其实，这并不完全是孩子的错，可能是作为家长的我们对孩子道德观的形成起到了负面的影响。

在孩子的成长过程中，他们的世界观、人生观逐渐形成，那么，如何让正确的价值观、荣辱观真正融入孩子的心灵，做一个对社会负责、对国家有用的人，是当前摆在家庭和学校面前的重要课题。

孩子在成长过程中都会面临道德选择问题，由于孩子的道德认识还很肤浅和表面，因此，他们在道德选择的过程中会面临各种困难。孩子在遇

到这些困惑后所寻求的帮助和做出的选择，将对他今后做什么样的人，怎么处理各种社会关系有着十分重要的影响。一些教育家发现，不少人的智力只是中等，但他们的聪明才智却能够充分发挥，做出一般人做不出的成绩。其原因就是他们从小受过良好的品德教育。

由此可见，良好的品德对孩子能否成才的重要性，教子一定要以德为先，作为父母，切不可忽视帮助孩子处理这些道德观的困惑。

那么，除了父母的言传身教外，还应该从哪些方面教育孩子形成正确的道德观呢？

1.告诉孩子最基本的道德准则

小时候就告诉孩子基本的道德规范，不要等到孩子上了初中才开始教育。等孩子上了初中后，父母要做的是把这些道德规则和生活中的现象结合起来，让孩子分辨基本的对错，让他们知道什么该做，什么不该做。事实上，一个人在成长的过程中，许多道德规范都是先体验后懂的。

2.让孩子体验道德冲突，教会孩子明辨是非善恶

父母与孩子朝夕相处，了解自己的孩子，能从日常中觉察出孩子的思想动态。如果父母能及时帮助孩子正确认识生活中的各种社会现象，就能提高孩子辨别是非善恶的能力，减少各种不正之风对孩子的影响。我们帮助孩子树立正确的道德观，大到面对社会，小到人行道上走路、看信号灯过马路、不乱扔垃圾等。

虽然我们让孩子学着区分"好"与"坏"，但最后的选择还应该让他们自己来做。不要怕他们遇到困惑，困惑越多，孩子面临选择的机会越多，形成的道德认识也就越全面和深入，应该让孩子在自己动脑选择的过程中逐渐成长。

3.在孩子做出对道德信条的选择后，及时给予评价

如果孩子的选择符合社会的道德准则，那么家长应给予表扬和鼓励。

反之，则应及时地提醒孩子纠正。必要时给予一定惩罚与警戒，绝不可放任。在家长长期的训练与指导下，他们就能把正确的道德观念作为行事准则。

如果我们能从以上几个方面努力，一定能帮助孩子形成正确的道德认知和道德行为！

注重对孩子动手能力的培养

人类社会发展到今天，是否拥有动手能力和创新精神已成为判定人才的一种标准，作为新时代未来接班人的孩子们，应该奋发进取、锐意改革。只想一劳永逸，甚至依赖思想特别严重、把希望全部寄托在别人身上的人最终在竞争激烈的社会大潮中被淘汰。作为家长，应该从小培养孩子的自理能力，让他们去经历自己的成功和失败，将来他们才能独立地创造自己的明天！

然而，在现实的家庭生活中，很多家长尤其是妈妈们总对孩子的生活大包大揽，什么事都替孩子做好，这样的爱摧毁了孩子的动手能力，最终将会导致孩子一事无成。

幼儿园开家长会，老师特意向孩子的父母布置了一项家庭作业——教会孩子剥鸡蛋壳。一位妈妈在下面小声地说："这多为难孩子啊，我家女儿还不知道鸡蛋长什么样呢！"老师觉得很奇怪，孩子都这么大了，怎么会不知道鸡蛋什么样呢。那位妈妈继续说："我总怕煮鸡蛋的蛋黄会噎着她，到现在还一直只给她吃鸡蛋清。"在场的老师和父母们听到后都惊呆了。

第07章 注重孩子综合能力的培养，别让孩子成为只会学习的"书呆子"

科学研究证明：手的活动与精细的动作可以刺激大脑皮层的运动中枢，同时运动中枢又能调节手指的活动，神经中枢和手指反复地互相作用能促进大脑的发育及其功能的完善。著名教育家苏霍姆林斯基说过："儿童的智慧在他的手指尖上"。心理学家也一致认为手指是"智慧的前哨"，这说明动作的发展多么重要。动手能力是一种最基本而又十分重要的学习能力，父母在教育孩子、开发孩子智慧的时候，不妨从培养他的动手能力开始。

这个其实并不难，家长不要事事代劳，鼓励孩子自己动手。生活中提高孩子动手能力的方法有很多种：

1.父母要告知孩子"自己动手，丰衣足食"的道理

功夫不负有心人，成功的桂冠只属于那些锲而不舍、坚持不懈的人。一分耕耘才有一分收获，成功之花要靠辛勤的汗水来浇灌。从古至今，每个成功人士都历经沧桑，但他们面对困难都是迎难而上、锲而不舍，为了理想奋发进取，最终取得了成功。

2.让孩子在日常生活中学会自理，自己的事情尽量自己完成

孩子学会走路之后，活动范围明显扩大了许多，这时的孩子非常愿意做些事情。但是他们手、脚的协调能力还不完善，做起事来常常"笨手笨脚"，家长千万别因嫌孩子麻烦或碍手碍脚而剥夺孩子学习劳动的机会，家长可以耐心地、反复给孩子做示范，让孩子跟着模仿，慢慢地孩子就会从不熟练到熟练，最后运用自如了。可以教孩子自己逐渐学会系鞋带、脱衣服、放被褥、收拾自己的房间，洗一些简单的东西，等等。

3.鼓励孩子力所能及地帮助别人

家庭生活是一种集体生活，也可以看作社会的缩影，家长要引导孩子多为父母做些事情，可以是一些很小的事情，如扫地、擦桌子、洗碗筷，等等，从小培养孩子为他人着想的意识。

4.对于一些年龄较小的孩子,可以培养他们对益智游戏的兴趣

在人的智能结构中,幼儿的许多知识技能都是在操作活动中学会的,其思维也是在操作活动中逐渐发展的。因此,为孩子提供各种动手操作的机会,既满足了他们的动手兴趣,还使他们进行了活动。游戏是幼儿运用智慧的活动,在游戏中孩子的感知觉、注意、记忆、思维、想象都在积极活动着,孩子不断地解决游戏中面临的各种问题,这使孩子的思维活跃起来,促进孩子的注意力、记忆力、思维力、想象力的发展,同时也促进孩子动手能力的发展。

5.父母要善于称赞孩子

当孩子努力去做了,或做得很好时,家长要立即予以称赞和鼓励,以调动孩子的积极性,增强孩子的自尊心和自信心。这种称赞尽量不要以实物的形式,比如给孩子买玩具、买好吃的东西等,因为这样容易刺激孩子的虚荣心,时间久了,反而会妨碍孩子的健康成长。

总之,生活中处处都有机会,孩子的动手能力随时都可以培养,父母要从传统的价值观中走出来,鼓励孩子多玩,在玩的过程中让他多看、多听、多想,关键是多动手,把孩子培养成为一个自信、乐观、有创意、心灵手巧的人!

孩子的意志品质是家庭教育的重要方面

人们常说:"自古英雄多磨难。"这句充满智慧的警句生动地说明了一点:父母培养孩子从小学会应对挫折,会使孩子终身受益。实践告诉我们,要教育好下一代,除了要教孩子掌握一定的科学文化知识和技能外,还必须帮孩子塑造良好的意志品质,人只有经历过挫折,从小培养顽强的

意志力、忍耐力、坚韧不拔、不屈不挠的精神，最终才会获得成功，才能在竞争中立于不败之地。给孩子一点挫折，对孩子的一生是大有益处的。放开手让孩子独立面对生活的各个方面，让其自己解决，孩子几经如此"折磨"，将来就不会像温室里的豆芽那样一碰就断。这就告诉父母，挫折教育必不可少。

甘地的夫人不仅是一位非常杰出的政治领袖，更是一位好母亲、好老师。在对儿子拉吉夫的教育上，曾有这样的一次经历：

在拉吉夫12岁的时候，他生了一场大病，需要做手术。手术前，医生和甘地夫人商量术前的一些事，医生认为可以通过说一些安慰的话来让拉吉夫轻松面对手术，比如，可以告诉拉吉夫"只是个小手术，不用害怕"等。然而，甘地夫人却认为，拉吉夫已经12岁了，应该学会独自面对了。于是，当拉吉夫被推进手术室前，她告诉拉吉夫："可爱的小拉吉夫，手术后你有几天会相当痛苦，这种痛苦是谁也不能代替的，哭泣或喊叫都不能减轻痛苦，可能还会引起头痛，所以，你必须勇敢地承受它。"

手术后，拉吉夫没有哭，也没有叫苦，他勇敢地忍受了这一切。

关于孩子的教育，甘地夫人有自己的心得，她认为，生活本来就不是一帆风顺的，有阳光就有阴霾，孩子在成长的过程中，有快乐，就会有坎坷。而一个个性健全的孩子就是要接受生活赐予的种种，这样才能从容不迫地应对未来生活的各种变化。

的确，困难和挫折是一所最好的学校，在这所学校里，孩子能历经磨炼，"艰难困苦，玉汝以成"。没有尝过饥与渴的滋味，就永远体会不到食物和水的甜美，不懂得生活到底是什么滋味；没有经历过困难和挫折，就品味不到成功的喜悦；没有经历过苦难，就感受不到什么叫幸福。尽管每位父母都不想让孩子去经历苦难,希望他们的人生路上充满笑脸和鲜花,但生活是无情的,每个人的人生路上都会有各种各样的苦难,畏惧苦难的人不会有幸福。

父母作为孩子的第一任老师,无论你对孩子的期望有多大,希望孩子将来从事什么样的职业,当下我们都应该帮助孩子学会如何面对挫折和困难,而不应该一味地宠溺孩子,不让孩子经受一点风浪,这看似是爱孩子,实际上是害孩子,只能让他们长大后陷于平庸和无能。而同样,家长要考虑到孩子有一定的依赖性,对孩子放手固然正确,但要适度,孩子对挫折的承受能力有限,孩子在受挫时,必要时候家长要告诉孩子:跌倒了,自己爬起来,这就给了孩子一种能力的肯定,此时的挫折教育才是有意义的。

父母要想让孩子在充满竞争的社会中立足,必须对孩子从小进行挫折教育,培养他们坚韧不拔的意志和毅力,教会他们敢于面对挫折,不怕失败,跌倒了自己爬起来,勇于接受艰难困苦的磨炼,这也是父母应尽的义务和责任。

1.让孩子接受一些挫折教育

事实上,挫折总是难免的,人生活在社会上,由于自然因素和社会因素,不可能全是掌声和鲜花、成功和荣誉,更多的是泪水和挫折,比如天灾、人祸、疾病、朋友的背信弃义、理想的突然破灭、地震火山爆发,往往让我们本来很好的家园一夜之间没有了。

要知道,对于任何人来说,挫折都是一种珍贵的资源,也是一种人生的财富。古今中外的理论和实践都证明:挫折教育可以增强孩子的适应能力,磨炼孩子的意志,形成自我激励机制,这正是孩子们成长所必不可少的"壮骨剂"。

为此,我们父母可以为孩子设置一些生活挫折和障碍,你可以让他完成适当的家务，如打扫卫生、洗碗、清理房间等，还应该多参加社会实践，如卖报纸、乡村生活体验、夏令营等形式的活动。

2.设定清晰的目标，才有坚持的动力

一个目标，一个明确的承诺，可以集中我们的注意力，帮助我们找到达到目标的路线。目标可以简单到买到电脑，或复杂到攀登珠穆朗玛峰。心理学家告诉我们，信念是会自我实现的预言，当我们背起行囊准备出发时，我们已经相信自己可以到达目的地。

同样，锻造孩子的意志力，也要从帮助他们树立目标开始，有了目标，他们才能学会正确地定位自己、认清自己，看到自己的价值，然后找准方向，挖掘到自己的内在动力，不断朝着目标奋进，即使遇到挫折，也会因为有目标的鼓励再坚持一秒。

3.教孩子学会权衡利弊

人们常说，坚持就是胜利，我们也常常会用这句话来鼓励那些做事容易放弃的孩子，但事实上，这句话就是绝对的真理吗？如果坚持了错误的方向，那么，只能在错误的方向上越走越远，因此，坚持还是放弃，是需要权衡利弊的。

我们也应该告诉孩子，锻造坚韧的意志力，并不是盲目坚持，而是应该懂得反思，坚持和审视自己的行为，懂得权衡利弊，只有这样，才是理智的坚持。

每个孩子都将面临未来社会激烈的竞争，都需要勇气，并且有时需要很大的勇气。它虽然没有硝烟，但有时候面临的恐惧足以摧垮人的意志。因此，每个孩子都必须要勇敢，都必须要有意志力，我们父母，要想锻造这样的孩子，就要在孩子成长阶段为他"制造"一点挫折，让孩子学会在逆境中保持自信，学会在挫折面前保持乐观，泰然处之；培养孩子韧劲和抗挫折的能力，以及受挫折后的恢复能力，还有不向挫折低头的精神。

观察力是孩子智力发展的重要条件

教育心理学家告诉我们，孩子到了6岁以后，他们对周围的事物十分敏感。为此，专家建议，我们家长应该根据这一点尽早培养孩子的观察能力。因为观察是人一生中很重要的能力。一个人的观察力如何，直接关系到他的一生，我们的孩子也是如此，观察力是获取信息和资料的重要途径。不会观察的孩子，是不可能拥有杰出的智慧，也不可能成就非凡的事业的。

6岁的多多是个很聪明的孩子，他对周围的事都充满了好奇。生活中，他总是喜欢问爸爸妈妈"为什么"。后来，被他问烦了的爸爸妈妈就对他说："如果你不明白，你就自己去求证，这样不是更有意思吗？"多多点了点头，他觉得爸爸妈妈的话很有道理。

有一次，多多的脚趾上长了一个疮。周末的时候，爸爸带着他去医院清洗伤口，他看到医生用一瓶透明的液体擦在自己的脚上，他发现，脚指头上居然冒泡泡，多多感到很奇怪，就问医生："这是什么东西啊？好像不是酒精。"

"你怎么知道不是酒精？"医生问。

"酒精有味道嘛。"

"挺聪明的小孩。"医生对多多爸爸说。

多多是个观察力强且爱思考的孩子。一位教育名家曾说过，"我最爱孩子熠熠发光的眼睛，因为那是求索的眼睛，是追问的眼睛，是善于思考与观察的眼睛。"这样的孩子是值得父母骄傲的。

良好的观察力是中小学生智力发展的重要条件。然而，观察力不是自然而然形成的，它需要经过长期的观察实践和观察训练。真正观察力的获得的是需要运用思维的力量的，不动脑的观察也是无效的。

生活中，我们要有意识地培养孩子，告诫他们要做到留心身边的一事一物。然而，你还应该认识到的是，人的眼睛所看到的事物往往是表象，具有不真实性。为此，你必须在观察前和观察后进行一番信息搜集的工作，有目的、有计划的观察活动才是真实有效的、准确率高的观察。

对孩子观察力的训练并不是毫无章法的，为此，你可以从如下五个方面入手：

1.培养孩子浓厚的兴趣和好奇心

兴趣和好奇心是提高观察力的重要条件。孩子具有好奇心，对其观察的对象有浓厚的兴趣，他就会坚持长期持久地观察而不感到厌倦，从而提高观察力。

2.告诉孩子要明确观察目的，提高观察责任心

生活中，人们做任何事、说任何话都是有目的的。在观察的过程中，孩子也只有带着目的进行观察，才能提高责任心，才会对自己的观察力提出较高的要求，从而提高观察力。

明确观察目的，包含两层意思：

第一层是认识到观察力的重要性，认清观察对自身能力发展的好处；第二层是在观察事物前，要有明确的目的，即观察什么，为什么观察。

比如，在家中，你可以找出一件工艺品，让孩子观察其颜色、形状、大小、用途、特点等，在观察的过程中，你还可以让孩子边观察边用语言描述。

3.帮助孩子明确观察对象，制订观察计划

这样就可以让孩子将观察力指向与集中到要观察的对象上，并按部就班，从容观察，从而有助于其提高观察力。

比如，你可以让孩子自己学会种一盆花，然后每天观察其变化，还可以写观察日记。这样的观察活动，孩子既有兴趣，又有丰富的内容，效果很好。

另外，也可以让孩子自己学会煮饭，比如，多少米，放多少水，怎么淘，大火烧多长时间，小火焖多长时间。先是让孩子观察我们父母怎样做，然后自己一边学着帮，一边观察。这样孩子不仅学会了做饭，还提高了观察力。

4.告诫孩子观察时要全神贯注，聚精会神

注意力是观察力的重要品格之一。只有提高注意力，对观察对象全神贯注，才能做到观察全面具体，才能收集到对象活动的细节。

5.传授给孩子良好的观察方法

不懂得观察的方法，这样的观察是不会发现什么的，对学习也不会有益；相反，却会浪费时间，影响工作的效率。因此观察事物必须掌握不同的方法。

常用的观察方法有：全面观察和重点观察；在自然状态下观察和实验中观察；长期观察、短期观察、定期观察；正面观察和侧面观察；直接观察和间接观察；解剖（或分解）观察、比较观察；有记录观察和无记录观察，等等。观察不同的对象，出于不同的目的，应事先考虑用什么样的观察方法。有时候，需要几种方法配合使用。

总之，我们父母可随时随地提醒孩子注意观察事物，给他探索的机会，观察之后，还应问一问他看见了些什么，学会了些什么。当他向你作"报告"时，作为父母，你应该留意倾听并适时点拨，会令孩子得到鼓舞。

第07章 注重孩子综合能力的培养，别让孩子成为只会学习的"书呆子"

多参加社会实践能培养细心、有眼力见的孩子

小雅今年刚上初一，就在今年夏天的一天，她在公交车上发现了一个小偷。

这天是周末，妈妈答应带小雅去新华书店买课外资料。中午的时候，小雅和妈妈吃完午饭就出发了。上了公交车以后，小雅发现，车上已经没有座位了，她和妈妈只好站着。可能是夏天天气热大家精神头都不好，在冷气很足的情况下，大家都迷迷糊糊睡着了。小雅也掏出自己的MP3听起歌来。

但就在此时，她看见站在车厢中间的一个男人用刀划开了一位女士的手提袋，小雅当然想立即就指出来，但她转念一想，万一对方否认怎么办，一定要拿到证据。等对方将女士的钱包掏出来以后，小雅赶紧大叫："大家抓小偷，就是他，穿黑色T恤的那个男人。旁边的阿姨，你看你的手提袋……"

"小丫头片子，你胡说八道什么呢？"很明显，对方已经紧张起来了。

"你不要抵赖了，大家要是不信的话，可以让司机叔叔把刚才车内的录像带都拿出来看看，另外，那个阿姨的钱包是长款的，你的裤子口袋似乎装不下吧。"小雅在说这句话的时候，大家瞟了一下男人，发现他的裤子口袋果然露出半截钱包。

"这是我……我老婆的钱包。"

"是吗？那你说说里面都有什么东西？"

男人这下子不知道说什么好了，而此时，这位被偷的女士说："其实，我的钱包里只有一百元现金，哦，对了，还有张我和我女儿的照片。"

此时，男人哑口无言了。后来，不到几分钟的时间，警察就过来了。

故事中的小雅是个机灵的孩子，在车上，她一下子就看到了站在人群中的小偷，而且，她并没有直接指出来，而是在对方已经拿到罪证后才喊抓小偷，此时，对方已经无法抵赖了。

因此，作为父母，我们也要培养孩子成为生活的有心人，要让孩子多参加社会实践，在社会活动中培养他们的观察力，只有这样，孩子才能更细心、更有眼力见。

其实，我们的孩子本身心思就是细腻的，喜欢用眼睛去观察周围的世界，然后做出自己的结论。因此，父母应尽可能地引导孩子多多观察周围的事物，为孩子提供准确观察周围事物必需的材料。这样，孩子的想象力才有现实的基础，才会更精确，更有创造性。

为此，作为父母，你若想培养出有细心、有眼力见的孩子，就必须从现在开始培养孩子的观察力，具体来说，你需要做到的是：

1.鼓励孩子走出学校，多接触社会

作为父母，不要再认为帮助孩子排除危险因素就是爱孩子，总把他们拴在身边，对他们实行二十四小时保护，这样的孩子是很难适应未来社会竞争的。

有社会经验的孩子是真正的智者，因为他们有更多的阅历，懂得如何保护自己和他人，而相反，一个整日把精力都放在书本上的孩子是和社会脱节的，他日，当自己遇到危险时，他有可能束手无策。

2.提醒孩子要有警惕心

孩子其实比大人更细腻，他们更善于发现生活中大人们容易忽略的问题。一个善于观察的孩子总是能先人一步察觉到一些危险因素。因此，父母要提醒孩子要有警惕心，提高他们的自我保护意识。

3.有意识地让孩子学会察言观色，做一个善解人意的人

人际关系好的孩子一般都能照顾到所有人的情绪，因为他们善于察言

观色，能察觉到交往时的一些不安分因素，并懂得见机行事。而孩子的这一能力是不可能凭空获得的，需要父母在生活中对孩子进行培养。

　　身为父母的我们要明白的是，观察能力是孩子智力发展的重要条件。然而，每个人观察力不是自然而然形成的，它需要经过长期的观察实践和观察训练。这就需要我们把对孩子的观察力的培养融入日常生活和学习中。

培养和强化孩子的应急应变能力

　　生活中，我们总是会遇到这样那样的意外情况，这对于成长期的孩子来说也不例外，因此，我们必须训练孩子的独立应变能力，这样，我们的孩子才能沉着冷静面对突如其来的情况。应变能力是思维能力的一种，思维的力量是巨大的，一个人在遇到问题时能否有较好的应变能力，与其思维能力是分不开的。善于思考的人总是能机智应对，顺利找到解决问题的出路。

　　很多孩子因为长期在爸妈的庇护下成长，加上生活经验缺乏，所以很容易就会遇事慌张害怕。所以父母应该在孩子应变能力教育上加点功夫。现在社会较复杂，如果没有了应变能力，孩子日后会很吃亏的。

　　那么，孩子的应变力怎么体现呢？如果你家的孩子能就一个问题提出多个有效可行的方法，或者面对一些陌生环境时依然能够很好地适应面对不同的人和事……说明他具有良好的应变力。生活经验不足的孩子遇到事情大多慌张、害怕，更多时候是寻求爸妈的帮助，作为家长的我们该怎么培养孩子良好的应变力呢？

　　"我儿子终于找到了，真没想到他是被人拐卖了！"2020年的某天，在寻找了自己十岁的失踪儿子十天后的刘先生激动地对民警同志说。他说，十天来，他吃不下睡不着，如今心头的石头总算是放下了。这天，他带着一面锦旗来派出所答谢民警同志。

事情是这样的：

刘先生的儿子天天特别贪玩，一放假或者放学就溜出去玩，甚至小小年纪就学会了各种游戏机的玩法。在游戏厅，两个男人对天天说，他们要去外地一趟，家里的店没人看，只要天天能看一天店，就给天天买三百块钱游戏币。天天一听动心了，于是跟着他们上了车，谁知道，车一直开一直开，到后来出了城，天天一看情况不对，心想这两个人一定是骗人或者人贩子。虽然害怕，但他还是镇静下来，接下来他趁歹徒不注意将书包里的游戏币往窗外丢，民警后来正是借助这些游戏币找到了城外的罪犯窝点。幸运的是，天天因为装病、谎称自己有肝炎，才让犯罪分子一直没有将他卖出去。

后来，民警将这一犯罪窝点一锅端了，原来这一团伙正是警察一直在找的拐卖青少年儿童的罪犯，他们从事这一勾当已经好几年了，但是因为行动的隐匿性，一直没有找到蛛丝马迹。在这一事件中，天天的机智表现也被民警同志赞叹不已。

在回忆被拐骗的经历时，天天说，在失去自由的一天里，有一天夜里，他还听到了隔壁房间里传出了皮带抽打人的声音，还听到一个小孩在哀求："不要打我了……"现在想起来，天天还胆战心惊。

这一案例中，天天是个机智聪明、应变能力强的孩子，正是这一点救了他。

那么，我们该如何培养孩子的应变能力？

1.在日常生活中培养孩子勇气

在合理的范围内，可以让孩子大胆地做自己想做的事，一个敢作敢为的人，才能有勇气、有信心面对突发问题。

值得一提的是，攀爬、蹦跳、奔跑乃至一些竞技类的游戏可以培养孩子的勇气。当然，活动中安全必须是第一位的。

2.教会孩子学会独立应变生活中的一些问题

不管做什么事，总会有一个从不会到会的过程。我们可以让孩子独立去面对生活中的一些小问题：比如，妈妈不在家，让孩子自己做饭吃；家里来了客人，让孩子主动学会招呼等。

3.平时就培养孩子稳定的情绪

孩子本身就是比较情绪化的，很多孩子在这一问题上做得并不好，他们一遇到问题就牢骚满腹，或者求助于家长，这样又怎么能培养出良好的应变能力呢？

对此，我们要告诉孩子，首先不管遇到什么情况，都不要惊慌害怕，只有冷静的头脑才能进行理智的思考，才能找出解决问题的方法。为此，你不妨做一做深呼吸，然后告诉自己："没什么大不了的。""我能搞定。"

4.引导孩子学会从宏观角度把握问题

在一些难题面前，如果孩子只是着眼于手上的事，并一门心思解决，那么，他很可能陷入思维的局限中。此时，我们可以给孩子一点点拨，因为我们成人的思维格局相对孩子要更广阔，只有从宏观角度把握，才能省去很多烦琐的思维过程。

5.告诉孩子如何找到解决难题的关键点

突发状况的出现，肯定是有个环节出了问题。因此，你要告诉孩子冷静下来后，就要重新审视事情的全部过程，找到关键问题，才能有的放矢进行补救。

6.强化孩子的情境应变能力

在紧急状况下，孩子不可能记住只告诉他们一遍的事情，对此，我们可以进行强化，比如，我们可以通过做"要是……该……"的游戏，让孩子通过独立的思考对潜在有害的情境做出防护反应。例如："雨下得很大，要是有陌生人邀请你搭他的车回家，你该怎么办？""要是陌生人叫你的名字，并说你爷爷受伤了，由他来学校接你回家，你该怎么办？""要是在放学回家的路上有人跟着你，你该怎么办？"

总的来说，我们要在日常生活中多训练孩子的思维能力，思维能力提高了，孩子的应变能力自然也就会有所提高。

孩子的理财观念和能力要尽早培养

现代社会，随着生活水平的提高，很多家庭逐渐富裕了，孩子是家庭富裕的"直接得益者"，家长对孩子提出的要求也是尽量满足。久而久之，导致了孩子花钱大手大脚的习惯、根本不懂节约。

一位11岁的男孩拉着父母走进一家高端运动鞋专卖店，看到一双球鞋便央求父母给他买，当母亲说他穿的鞋几乎还是新的时候，他却说他们班其他同学早就不穿这种落伍的鞋了。站在旁边的父亲一边扫码一边对妻子说："讲节俭的年代已经过去了，他想要就给他买吧。"

这一现象在我们生活中很常见，很多家长也习以为常，然而，这种给孩子大把花钱的教育方式是有百害而无一利的，罗伯特·清崎曾表述过这样一个观点："如果你不教孩子金钱的知识，将会有其他人取代你。如果要让银行、债主、警方，甚至骗子来进行这项教育，这恐怕不会是项愉快的经验。"因此，家长们不要把给孩子零用钱当例行公事，教导孩子们如何管理手上金钱，并赋予他们理财的责任才是重点。

相比之下，西方的父母是这样教育孩子的，他们把培养孩子的理财能力的时间逐渐提前。例如法国，早在儿童3～4岁阶段，家长就开始对孩子进行理财启蒙教育，让孩子认识货币、了解货币的基本概念，而到了孩子10岁左右，则开始为孩子设立独立的银行账户，积极培养孩子的理财观。美国也是如此，对于儿童理财教育的要求是，3岁能辨认硬币和纸币，6岁具有"自己的钱"的意识，13岁开始外出打工赚零花钱，以及了解和学习如何运用基金与股票等投资工具理财。

所以，作为家长，应该把理财能力的培养当成家庭教育的重要组成部分，如果你的孩子对金钱没有正确的认识，有花钱大手大脚的毛病，家长千万不要一味地批评、指责孩子，孩子正确的理财观念是在日常生活中一点点地培养出来的。

教会孩子理财，应从小开始。根据学者研究，儿童接受各种能力的培养都有一个关键期，以语言能力训练为例，2~4岁堪称为关键期。若是希望培养儿童数理能力，那么4~6岁便是关键期。对于稍具难度的理财能力而言，培养的关键期为5~14岁。那么怎样教会孩子理财呢？你可以尝试以下方法：

1.让孩子知晓家庭财务情况

这包括让孩子记录财务情况；明确家庭的经济目标；了解收入及花销；制定预算，并参照实施；削减开销等。

让孩子尝试着做这些，有利于树立孩子节俭和投资的意识。孩子会知道削减开支，节省每一块钱，因为即使数目很小的投资，也可能会带来不小的财富。

2.鼓励孩子生活中多记账

由于孩子年纪小，或不知如何记账，刚开始时，父母可帮助孩子将未来一星期所需的花费记录下来，然后逐日补上额外支出项目，慢慢养成记账的习惯。等到建立几次记录后，慢慢放手让孩子自己记账。该步骤的好处是，不仅让孩子做到心中有数，而且父母也可借此检视孩子的消费倾向，若发现有偏差，可适时纠正。

3.培养储蓄观念

储蓄是理财的基本，若儿童能建立良好的储蓄习惯，意味着理财观念已开始萌芽。父母不妨从给买孩子储钱罐开始做起，鼓励他们存钱。为增加存钱功能，父母可以设定存钱目标，当孩子达到目标时，给予额外奖励。

4.给孩子"当家"的机会

现在，几岁的孩子都已经接触钱了，但是他们往往不懂得"柴米油盐贵"，所以，他们才会动不动就要求妈妈买昂贵的文具、名牌的衣服等。遇到这种情况，妈妈可以给孩子一些机会，让他们去买菜、交水费、交电话费等，使孩子知道家里的钱是怎么花出去的，父母每个月都需要支付哪些开支。这样，孩子有了了解家中"财政"的机会，就会慢慢学会节约了。

5.与孩子达成零花钱协议

让孩子学会正确、科学地理财，家长首先要树立这样一种观念：并不是给孩子的零花钱越多，就是越疼爱孩子。在这种观念的指引下，家长可与孩子签订零花钱使用合同。如对于已经上小学的孩子，妈妈可以在合同中规定，每周只给孩子10元零用钱，每周一早晨发放，并且规定不论遇到什么情况，都要严格按照合同约定的内容发放零用钱。

一开始，可以以"周"为发放零用钱的时间单位。等到孩子习惯后，时间慢慢拉长为"月"。这种方式除了可让孩子学习在固定时间内分配金钱消费之外，也可以训练孩子的用钱能力。

6.建立理财目标

理财的最终目标无非是希望能理性消费，提高消费能力，因此父母可与小孩讨论建立储蓄目标，例如购买玩具、脚踏车、溜冰鞋等，然后协助孩子为每个月的零用钱，规划出一个时间表，透过目标建立孩子的预算观念。

总之，在孩子小的时候，家长就应有意识地培养孩子的理财能力，指导他熟悉掌握基本的金融知识与工具。不过在此要提醒的是，训练理财的内容必须依照孩子心智发展情形而定，找出适合他的理财学习方法。教会孩子理财，从短期效果看是养成孩子不乱花钱的习惯，从长远来看，将有利于孩子及早具备独立的生活能力，使其在高度发达、快速发展的时代中，具有可靠的立身之本。

第 08 章

对"性"有了困惑怎么办?
父母要做好孩子的生理课老师

在人类生活中,"性"一直是不可分割的部分,但也一直是人们避讳谈论的问题。对于青春期的孩子来说,随着身体的成长,他们也逐渐对"性"产生了好奇和困惑,甚至表现出一系列性心理行为,如对性知识的兴趣、对异性的好感、性欲望、性冲动、性幻想和自慰行为等,这些都是不容我们回避的事实。此时,我们应该认识到自己就是孩子第一任性教育老师,只有及时、恰当地解答孩子的这些困惑,孩子才能拨开心中的疑云,健康、快乐地成长。

青春期的身体变化，让孩子内心困惑

杨先生的儿子杨阳已经上初一，但就在这一年的时间内，杨先生觉得儿子突然长高了很多，也不像以前那样调皮捣蛋，现在的儿子变安静了，却总好像心事重重的，有时躲在卫生间，有时坐在写字台前发呆，还遮遮掩掩地看些杂志。妻子说："阳阳可能是进入青春期，开始发育了，做爸爸的应该跟儿子好好谈谈青春期的问题。"杨先生也觉得应该跟阳阳好好谈谈，不然看他整天胡思乱想，学习也会受到影响。可又不知道该怎么跟他谈，谈些什么好。

青春期的孩子在发育期间不仅变得敏感，行为也变得神秘兮兮。对于自己身体的变化往往表现得既恐慌又好奇，会通过各种可能的途径来了解自己身体的变化，满足自己的好奇心。

青春期是每个人一生当中的重要时期，是从幼儿时期过渡到成人时期的一个转折阶段。在这一阶段中，我们都会感到自身的机体在生长、发育、代谢、内分泌功能及心理状态诸方面均发生着显著变化。其中尤以生殖系统的发育与功能的日趋成熟更为引人注目。青春期是由儿童成长为大人的过渡时期，是决定人一生发育水平的关键时期。面对青春期的这些变化，孩子会感到忧虑、惶恐和不安，作为父母的我们，有义务帮助孩子排除这些负面情绪，让他健康、快乐地度过青春期。

与处于青春期的女儿或儿子谈性发育问题是家长必须做的事情。青春期是生理和心理变化都很大的年龄阶段，不少孩子因为被性发育问题困扰，导致心事重重，神情恍惚，学习成绩下降。关于男孩子的性发育问题，由父亲来讲是比较适当的。而对于女孩子的性发育问题，则可以由母亲来讲解。

因此，讲解这一问题时，可以分为以下两种情况：

1.女孩的青春期变化

一般而言，女孩子的青春期变化分为以下5个阶段，但这并不是说所有的青春期女孩都会按照这一模式完成青春期发育，因为有些女孩子可能发育晚些。

（1）8～10岁，一般来说，这个时间段女孩子的发育还未真正开始：你还没有出现乳腺发育，也还没有长出阴毛。

（2）11～12岁，青春期的女孩开始真正发育：你会发现，你的乳房开始变大，阴部会长出阴毛、臀部变宽，甚至声音也会变得低沉。个别女孩，还会出现月经初潮。

（3）13～14岁，对于大部分女孩来说，此时，他们已经开始出现了月经并逐渐规律，在身体发育上，你不再像以往那样长高或者长大得很快，但你的身体会变得更丰满。

（4）15～16岁，你会发现，你居然开始对男孩产生兴趣，你也希望得到男孩的关注。

（5）17～18岁，此时，你已经是一个长大的美丽女子了。你在各方面已经发育成熟。同时，你的感情世界则将继续发展，并不断走向成熟。

2.男孩的青春期变化

男孩的青春期变化也可以分为以下5个阶段，当然，也有个别发育较晚的情况。

（1）8～10岁，此时，你会发现，你在体型上和小女孩区别不是很多。你也没有长阴毛，阴茎也比较小。

（2）11~12岁，这期间，睾丸激素开始作用。你长得更快了，阴茎开始发育、声音变得低沉、肩膀和胸膛变得宽阔了。

（3）13~14岁，这两年，你将会面临很多身体上的发育问题，比如，第一次发现自己长阴毛了，第一次"梦遗"，嗓音也会在这个期间变得完全低沉起来。同时，你仍在快速生长阶段。

（4）15~16岁，此时，你会发现，你的脸部总是出现让人头疼的问题，这就是青春痘，而且，你的脸上似乎总是有很多油脂。

（5）17~18岁，到了这个年龄，你会发现，自己似乎真的长成一个成熟的男人了，你必须开始学会刮胡子。以前，你会觉得每个女孩都很可爱，但现在，你发现，有个女孩总是出现在你的脑海里。

总之，作为家长，我们应该让孩子知道生理成熟这条路是他们一定要走的，无论早晚他们都要经历。让孩子明白，父母既是孩子的长辈，也是孩子最贴心的朋友，帮助孩子及时调整好自己的心态，以便顺利地向成人世界进发。

青春期孩子的"性"教育问题该如何展开

周末的一天，吴女士和儿子小强在家看电视连续剧，说实话，小强最讨厌看这种又臭又长的电视剧了，但小强的几个朋友这天都有事，没人陪他打球，他在家也实在无聊，就勉强与妈妈一起看。

现代都市的情感剧免不了一些"少儿不宜"的镜头，以前在看到男女接吻的镜头时，小强总是遮住自己的眼睛，觉得很害羞，而吴女士如果看到儿子在的话，也会马上调台。可这次，小强居然目不转睛地盯着电视，

第08章
对"性"有了困惑怎么办？父母要做好孩子的生理课老师

吴女士一下子意识到儿子长大了，孩子对"性"开始有了懵懂的意识了。

"妈，男人与女人为什么要亲嘴？结了婚为什么就生小孩了？我又是怎么来的？"儿子一连串的问题让吴女士不知道怎么回答，她明白，是时候告诉儿子这些性知识了，"性"的问题，不能对儿子避而不谈了，孩子终归是要长大的。但她觉得，这些问题，还是让丈夫来解答比较合适，于是，她对儿子说："小强，这些问题晚上让爸爸给你慢慢解答……"

我们的孩子在一天天长大，昨天的她还是一个在父母怀里撒娇的小女孩，今天她已经亭亭玉立了；昨天的他还是一个和邻居孩子抢零食的小男孩，今天的他看见了女生都会退避三舍……此时，性健康教育成为摆在很多家长面前的一道不可回避的难题。

然而，面对这个问题，大人们似乎总是很害羞，大多数家庭中仍然是谈"性"色变；有一部分思想开放的家长想给孩子提前教育，却又欲说还"羞"，不知从何说起。

有调查表明，青少年性知识70%来自电视网络、同伴之间的谈论交流或课外书籍；来自家庭的却只有5.5%，有36.4%的母亲在女儿第一次来月经之前，没有告诉孩子该如何进行处理。报刊杂志、影视、文艺书籍等社会性信息有着强烈的刺激和诱惑，如果再受到同伴之间错误的性知识的干扰，很容易造成孩子性观念和性行为的偏离。

可见，结合孩子身心发育不同阶段的特点，及时进行性生理、性心理、性道德等知识教育，满足孩子渴望获得性知识的需求，是社会、学校和家长不可推卸的责任。为此，我们家长要做到：

1.家长应转变观念，不要因为怕孩子学会而对其封闭性知识

青春期性教育是人生教育不可缺少的一课，对孩子进行必要的青春期性教育是社会文明进步的体现。

生活中的每个人都必须经历青春期的发育这一过程，性机能的不断成熟使得青少年对异性产生好奇、渴望了解性知识，这些都是很自然的现象。但是，青少年了解性知识的途径必须是正当的、健康的。作为父母，如果怕孩子学坏而封闭这些途径，那么孩子只能通过一些不正当方式来获取，接受的也是一些淫秽、不健康的内容，妨碍其身心健康的发展。青春期教育如果出现缺失和失误，在孩子成长史上就会留下无法弥补的遗憾。

2. 从正面教育

很多家长为了避免孩子产生性尝试的欲望，往往从消极面教育孩子，比如说，性会导致艾滋和其他疾病、少女怀孕等。当然，告诉孩子这些是必要的。但我们更要注重正面教育，要告诉孩子，正当的性是美好的。

当孩子向我们提出性问题时，作为家长不要恐慌，这证明你的孩子已经长大了，你应该为之高兴，同时，如果你的孩子做了一些诸如自慰之类的事时，我们既不要大喊大叫，也不要痛斥他们是什么"坏"孩子。自慰不会使孩子性狂热。性无知和羞怯才会对他们产生消极的影响。

3.回答孩子问题时态度自然，不必遮遮掩掩

青春期的孩子已经有辨别的能力，因此，在灌输孩子正确的性知识前，自己先要摆正态度，而后才能给孩子提供适当的性教育，使孩子在很自然的情况下吸收性知识。另外，对孩子好奇的一些常规问题，家长既要如实相告，又不能解释得太复杂，否则，只会让孩子更困惑。如：人是怎样出生的？父母可以从植物结果讲起，接着联系到人的"性"与生殖，也可以用动物的生殖活动进行示范性比喻。浅显地介绍人类生殖的生理，有助于孩子弄清问题。

在很多有孩子的家庭中，父母总是避讳谈"性"的问题，而让孩子自己去摸索，往往使许多孩子因一时的"性"好奇而犯下错误。其实，我们父母是性教育的启蒙者，以自然、正常的态度教导孩子正确的性观念，才

不会让孩子从一些非正面的渠道了解，才不会让他对"性"有错误的想法和观念，你的孩子才会身心健康地成长！

4.父母也应该学习一些性知识，以解答孩子的问题

遇到孩子提出的问题过于敏感，父母不好开口回答，可将书报杂志上的有关内容，悄悄放到孩子的床头，让孩子自己去阅读。

值得注意的是，父母在孩子面前不可表现得过于亲热，尤其是夫妻性生活千万不能让孩子看到，以免在孩子心中留下阴影，成为导致他们形成错误性心理、性观念的缘由。

5.保证性知识的准确性，不可敷衍孩子

当孩子还小时，他们一般会问："我是从哪里来的？"此时，我们可能会找一些理由来搪塞孩子，但事实上，这一点是行不通的，尤其是到孩子青春期以后，如果我们不告诉孩子实话，他们可能会从其他一些不正当途径得知。

其实，我们应该让孩子知道，孩子是父母相亲相爱，由父亲的精子与母亲的卵细胞结合，然后在母亲的子宫里发育成长起来的。

孩子可能会对两性关系产生兴趣，如果父母亲比较民主、开明，孩子就不会将困惑埋在心里，而是随时会向父母请教。

总之，家庭是对孩子进行性教育的最为理想的渠道。遇到孩子问一些有关"性"的问题，家长要像解答其他问题一样坦然对待，用拉家常的方式对孩子进行性教育。

大方告诉孩子什么是性行为，解开其性困惑

这天，崔女士听见女儿姗姗躲在房间哭，就推开门进去，问清缘由

后，才知道是这么回事：才15岁的姗姗和班上的男生东东谈起了恋爱，可对爱情懵懵懂懂的两人都不知道谈恋爱应该是什么样子，两性的知识更是少之又少。

一天，姗姗被东东吻了，但接吻之后，两人便后怕起来，"我这样会不会怀孕呢？"姗姗惴惴不安，"应该不会吧，我也不太清楚。"东东对此并不确定。从此以后，姗姗总担心自己会怀孕，一有身体不适，便以为自己怀孕了，背着思想包袱，从此成绩一落千丈。

从呱呱坠地到长大成人，每个孩子都会遇到不少的困惑，除去学业的压力，种种这样那样的"小问题"也会缠绕在他们心头，到了青春期之后，他们对性的困惑更加强烈，这些困惑让他们难以启齿，却又往往不知所措，于是只能自己看书、私底下问同学……

每个父母都希望孩子长大后具有健康的性观念和性行为，但不知道该怎样去教。"怎么说得出口呢？"他们想，"要是有一个这方面的好老师就好了！"

其实，作为父母，我们应该明白，父母是孩子最好的性启蒙老师，只有及时、恰当地解答孩子这些困惑，孩子才能拨开心中的疑云，健康、快乐地成长。

1.客观、不带主观感情地对孩子进行性教育

当孩子向你提出类似"为什么男女身体不一样"等问题时，你首先要记住的是放松、自然。因为孩子问这类问题纯属好奇，你没必要感到尴尬或不安，也不要表现出你想回避这类问题。

而对于答案，简单易懂就行，不需要长篇大论，因为他对综合性的知识讲座毫无兴趣。如果你对这种简单回答也有点束手无策的话，现在书店里有很多适合不同年龄孩子性教育的书籍和家教杂志，建议你购买一本，

选择有关能回答他提出的问题的章节、文章读给他听，其中那些能帮助他理解生命现象、男女性别的差异等问题的插图也可以给他看。这样，当孩子再问起这类问题时，你会感到自在得多。

2.言传身教，让孩子明白什么是"爱"

父母每天的言谈举止相亲相爱、温馨和谐、相互赞赏，无疑就是对孩子最好的教育。因为孩子们理想中的异性原型对应的正是他们的父母。擅长察言观色的他们正好借此深刻领悟到父母之间的幸福、美满的男女关系。

3.告诉孩子什么是性行为

青春期的孩子都听过这个词，但基本上都认为性行为就是性交，其实不然。

性科学研究按照性欲满足程度的分类标准，将人类性行为划分为三种类型：一是核心性性行为，即两性性行为；二是边缘性性行为，如接吻、拥抱、爱抚等；三是类性行为。

当然，像某些西方国家，把拥抱、亲吻作为一般见面的礼仪，那就同性行为完全无关。

当孩子了解这些之后，他们对性也就有了更深一层次的认识，心中的种种困惑自然会消除。

开始渴望接近异性的身体

赵太太的女儿小美回家跟妈妈说一直和自己关系要好的小飞哥哥居然"非礼"自己，赵太太于是带着女儿来到小飞的家里，找其父孙先生"算账"，大家在知道这一新闻之后，就纷纷前来看热闹。

躲在房间的小飞始终不出来，于是，赵太太询问女儿小飞是怎么非礼她的,小美支支吾吾地说:"我们一起放学回家,在路上,他居然要牵我的手……"原来是这么回事。

此时的孙先生已经火冒三丈,准备打儿子,被其他邻居拉住。一个居委会的大姐说:"老孙啊,其实这不是什么大问题,只不过是孩子到了青春期,开始渴望接近异性身体了,我看你得和小飞好好探讨一下青春期孩子的一些心理问题了。"说到这儿,孙先生心里一阵酸楚,几年前,他就和妻子离婚了,一直是自己带孩子,不过小飞还算听话,虽然性格内向,但学习成绩很好,但经过这件事,他觉得,是该好好关心孩子了。

青春期是朝气蓬勃的,就如万物勃发、生机盎然的春天。进入青春期以后,孩子的身体开始出现快速发育,并会分泌出大量的性激素,这使得孩子的性机能也逐渐成熟。面对这些身体上的变化,内心也产生出一种特殊的情感,面对异性,他们会表现出兴奋、好奇、羞涩等。

很多父母认为,对于青春期的孩子,一定要严加看管,否则孩子很容易陷入早恋的泥潭。于是,孩子与异性说话都成为他们捕风捉影的信号。实际上,孩子进入青春期渴望与异性交往,是青少年身心健康发展的重要标志。如果没有这种心理需要,反而要打个问号了。再说,异性交往并非必然陷入恋情,更可能是同学、师生、朋友、合作伙伴等多种人际关系。学会与异性和睦相处,是对未来婚姻家庭的准备,也是对未来事业发展和社会人际关系适应的必要准备。

我们应允许青春期孩子与异性交往,但并不代表可以任其发展,否则,我们的孩子也会和案例中的小飞一样,发生行为偏离。

那么,小飞为什么会出现这样的行为呢?

一般来说,这种情况多半发生在青春期的男孩身上。男孩在步入青春期以后,性器官日趋成熟。在性激素的影响下,男孩很自然地会产生爱慕异性的情感。来自视觉、听觉和触觉的某些刺激，如异性的外貌、同异性的接触、来自异性的热情，甚至语言、文字和图像，都可以成为性刺激，会引起性的冲动和欲望。青春期男孩只要神经系统正常，大多会有正常的性欲，只是强弱不同而已。性紧张是客观存在的，有人偶尔发生，有人因性欲旺盛经常发生。但人是有理智的，在性要求非常强烈而出现性紧张时，也不能任意发泄。它必须受到社会的道德观念和法治观念的制约。

那么，针对这些性冲动，家长如何引导孩子正确调节和控制呢？

1.帮助孩子形成良好的生活习惯

家长要告诉孩子：要形成有规律的作息制度，平时要注意局部卫生，也要避免不洁之物的刺激等。

2.告诉孩子一些转移注意力的方法

比如，多参加一些有益的文体活动，如听音乐、打球等，这样可以转移"视线"。不要观看有性刺激的书刊、电影等。有些情景对人的情绪会有重要影响，或起制约作用，因而改变一下场景，也可以缓解性紧张，比如避免与异性单独相处的场合等。

因此，我们不妨直言不讳地告诉孩子，青春期想接近异性的身体并不可耻，但一定要把握分寸，大胆、大方地与异性交往，即使对异性有好感，也只能让它们作为一种美好的愿望，珍藏在心底，等自己真正长大成熟时，他（她）会以百倍的力量、热情、成熟来迎接你！

早恋不是洪水猛兽，父母应理智应对

在教育孩子的过程中，早恋是让家长很伤脑筋的一个问题，在谈及这一问题之前，我们先要了解什么是早恋。所谓早恋，即过早的恋爱，是一种失控的行为。对于孩子来说，他们可以对异性爱慕，但必须学会控制这种心理的滋长和蔓延，更不要早恋。早恋，不仅成功率极低，而且意志薄弱者还可能铸成贻害终身的错误。

家长们普遍认为，针对孩子当前面临的这一问题，必须采取严格的监管措施，以防孩子不慎陷入早恋的漩涡。因此，当孩子与异性交谈，家长们便会如临大敌，将其视作早恋的苗头。然而，事实上，随着孩子的逐渐成长，他们与异性交往的渴望是自然而然的，这不仅是他们情感发展的体现，更是他们身心健康发展的重要标志。

现实生活中，我们常常见到这种现象：一些孩子陷入早恋，父母的干涉非但不能减弱两人之间的感情，反而使之增强。父母的干涉越多、反对越强烈，恋人往往相爱就越深。

为什么会出现这种现象呢？这是因为，人都是自主的，当孩子开始有了一定的独立意识后，他们开始关注异性，而父母越是反对，他越是偏向选择自己的恋人。因此，深谙教育艺术的父母绝不会苦口婆心地劝阻孩子，因为他们知道这样只会让孩子"爱"得更深；相反，他们会运用正确积极的语言引导孩子，让孩子接纳自己的建议，进而将精力重新放到学习上来。

下面是一位母亲和女儿的对话：

"孩子，其实妈妈明白你的心情，妈妈也是过来人，在你这么大的时候，也喜欢过一个人，那时候，他经常来学校找我，并对我无微不至地照顾，我发现自己爱上他了。可是，后来他突然消失了，我伤心欲绝，学习成绩更是一落千丈。"

"后来怎样呢？"女儿好奇地问。

"后来，就在那段时间，我们学校转来了一个新同学，他开朗、乐观，成了我的同桌，我们无话不谈，一起学习、交流心得。很快，他帮助我走出了那段情感的阴影。你知道这个人是谁吗？"

"不知道。"

"他就是你爸爸啊，我们很快相爱了，但是我们并没有沉浸在爱情的幸福中，而是约定要一起考大学，一起追求梦想。后来，我们大学毕业后就结婚了……"妈妈沉浸在甜美的回忆中。

"爸爸太棒了！"女儿赞叹地说。

"是啊，那你认为他呢？"

"我不知道，但他长得很帅气。"女儿脸红了。

"孩子，妈妈也给你一个建议：你不妨跟他做个约定——你们要一起考上大学，等你考上大学之后，如果你还是这么认为，那么你不妨开始一段美丽的爱情。在这之前，你可以跟他做很好的朋友。"女儿点点头答应了。

故事中的妈妈是通情达理的，然而，在我们的生活中，面对孩子的早恋问题，大多数家长的反应都是火冒三丈，然后"棒打鸳鸯"，而最终结果是，孩子只会越来越坚信自己的选择，甚至做出更加"出格"的事。而家长的理解是孩子接受家长建议的前提。因此，作为家长，我们不妨放下架子，与孩子来一次促膝长谈，帮助他脱离早恋的苦恼，从那段青涩的爱情走出来。

具体来说，我们可以：

1.冷静理智，决不能打骂孩子

作为父母，我们要理解孩子渴望与异性交往的心情，当孩子真的早恋时，也不能打骂孩子，早恋绝非洪水猛兽。

2.用引导代替苦口婆心地劝

孩子在成长过程中，他们会不断长大，自然会出现一些心理波动，作为父母，我们不妨采取一种讨论的态度，和孩子平等地讨论爱情，让孩子明白现在是积累知识的时期，对异性的好感并不是爱情，并采取一些方法强化孩子的家庭归属感，让孩子重新把精力集中到学习上来。

总之，我们要让孩子明白的是，学生时代，学习是主要任务，而且将来从事何种事业还没有定向，他们今后的生活道路还很长。因此，这一时期的早恋十有九不能结出爱情的甜果，而只能酿成生活的苦酒。当孩子能正确处理"爱情"时，也就能把握好人生的舵，不会过早去摘爱情的花朵。

第09章

我的心思你不懂：
青春期孩子的叛逆问题如何解决

　　孩子到了十几岁之后，随着身体的发育，他们在心理上也发生剧烈变化，表现在成人感、独立感的增强，产生认识自己、塑造自己的需要，他们开始意识到自己已经长大了，不想被管教和干涉，而希望独立，他们对父母和老师之言不再"唯命是从"了，他们还会嫌父母和老师管得太严、太啰嗦，对家长和老师的教育容易产生逆反心理。因此，这一时期我们称为逆反期。作为父母，一定要理解孩子的逆反心理，并加以引导，只要我们方法得力，恰当处理，即使孩子产生逆反情绪，也能及时引领孩子回归。

你了解孩子叛逆的心理原因吗

场景1：

上初三的苗苗染起了黄头发。

回家后，妈妈说："谁允许你染头发的？你照照镜子，活脱脱一个小流氓，明天不染回来就不许进家门！"

苗苗反驳道："我就是喜欢，为什么要听你们的？"

场景2：

你说："明天要降温，多穿件衣服。"

孩子说："用不着，我不冷。"

你说："天气预报我刚听过，还能有错吗？"

孩子说："我这么大了，连冷热都不知道吗？"

你说："你怎么越大越不听话，还不如小的时候呢？"

孩子说："你以为我傻呀，真是的。以后少管闲事。"

这样的场景，或许很多家长都遇到过。我们会发现，孩子到了青春期后，好像总是故意和自己作对似的，总和自己唱反调。很多父母感叹："我让他往东，他就是往西。""我说的话，他就没有听过。"的确，青春期的孩子，常常会产生逆反心理。逆反心理是指人们彼此之间为了维护自尊，而对对方的要求采取相反的态度和言行的一种心理状态。

那么，青春期的孩子为什么会如此逆反呢？

孩子之所以产生叛逆心理，有以下三个方面的原因：

第一，青春期的孩子因为身体发育而产生了一些属于青春期的独特心理。身体上的变化、第二性征的出现给他们的心理造成了一些冲击，他们往往会对此感到不知所措，因此，他们便会产生浮躁心理与对抗情绪。

第二，除了身体上的发育并趋于成熟外，青少年还渴望独立，希望周围的人把自己看作成年人，因此在面对问题时他们常常呈现一种幼稚的独立性，并未成熟的他们处在反抗期。

第三，自我意识的增强、社会上各种新奇事物的冲击也让青少年们对很多东西产生兴趣，他们便要通过表现个性、追逐时尚等方式来满足好奇心。

另外，很多其他因素，比如，社会和家庭教育的一些不足也成为青少年叛逆的源头。此外，青少年如今面临的各种压力，比如就业压力、学习压力以及生活中的无聊情绪等，也是叛逆心理产生的"沃土"。

很多家长一看到孩子出现与以往不同的举动，就认为这是青春期的逆反行为，担心自己的让步就意味着孩子的越轨。然而，对孩子的每个小细节都横加指责会使较小的争吵升级为全面战争。因为，孩子最厌恶的就是父母对自己管得太多、干涉太多。

在孩子有逆反苗头的时候，家长首先要反思，也许是自己正在挑起这种情绪，或者孩子对自己的什么地方有意见，然后有针对性地找办法解决。

作为父母，最希望的莫过于自己的孩子能健康、顺利地成长，而孩子到了青春期，他们的叛逆心理打扰了正常的家庭生活秩序，有些孩子甚至在青春期一味地反抗家长而走向了违法犯罪的道路，因此，在这个过程中，家长的疏导就显得尤为重要。

1.孩子到了青春期，坦然接受他们的各种变化

我们首先要做的是了解孩子身心的变化，我们便能理解孩子的这些变化其实都不是什么大问题，在此基础上，我们就能坦然接受孩子的变化，并能转换角度，从孩子的立场看问题。

2.了解你的孩子为什么叛逆并对症下药

我们知道，每个青春期孩子产生叛逆心理的原因和表现都是不同的。

如果女儿只是尝试穿妈妈的高跟鞋，用妈妈的化妆品，或者儿子换了一种新潮的发型，完全可以把这种现象当作普通的爱美之心。比如，你可以告诉孩子："妈妈知道你是想保持身材，这是好事情呀，显得漂亮是你的权利呀。但是最好穿厚些，感冒了会影响学习，那样会很受罪和心急，那时候你还会有心情欣赏自己的美丽吗？"

如果孩子事事和您作对，拒绝接受您的任何意见，就需要第三方的介入，让孩子信任的长辈与他好好沟通；或者寻求心理医生的帮助，进行家庭干预或家庭治疗。

在出现比较激烈的叛逆心理时，学会心平气和地去开导他们，也可以适当地请教心理专家，用理解的心态逐步解决问题。

3.多与孩子交流，但要忌从学习入题

同孩子交流，家长不要老以学习成绩入题，这样只会让孩子心有压力，怀疑家长交流的动机。交流时，家长可以从家事入手，待孩子的情绪稳定下来后，再谈正事。

4.孩子的叛逆也可以预防

为了不让孩子出现逆反情绪，父母需要从小就和孩子建立良好的亲子关系，积极和孩子进行沟通。在和孩子沟通时，最好以朋友的方式，将孩子当作一个独立的个体尊重。

总之，青春期是人生的关键期，需要家长多些关心，但家长要保持平

静心态，了解孩子成长的发展规律，帮助孩子解决实际问题。

从前的乖孩子为什么现在总跟父母对着干

某心理医生遇到一位母亲，这位母亲说自己的孩子过了这个暑假就念初三了，可不知怎么回事，从这个暑假一开始，感觉女儿好像变了一个人，平时要么不是一个人闷在房间里上网、玩游戏，要么就是对家长不理不睬。更奇怪的是，前两天她和爱人想跟女儿好好沟通一下，谁知没说几句话，女儿就顶撞说："我就是不知好歹，不可理喻。"还在自己的房间门上贴了"请勿打扰"的字，气得自己无话可说。

实际上，生活中还有一些青春期孩子比案例中的女孩更为逆反，他们基本上不和父母沟通，父母说一句，就顶十句，而且，无论怎么样，他们总觉得自己是对的。而作为过来人的父母，自然更有"发言权"。于是，很多父母便为了更正孩子的观点而极力发表自己的观点，如果双方始终坚持自己的立场，那么，便极容易产生一种对立的关系。其实，作为父母，如果能感受孩子的想法，你会发现，其实孩子的想法也有其一定的道理。

青春期后，当孩子进入心理断乳期，便开始有了独立的倾向。这阶段的孩子情感起伏大、变化大并难以驾驭。他们有了喜怒哀乐，不但不愿向父母吐露，还要埋怨父母不理解自己，如果父母处置不当，对孩子的表现刨根问底，或是漠不关心，就会增强他们的反抗情绪。作为父母应放下架子，与孩子平等相处，当孩子的知心朋友，争取成为他们倾吐心事的对象和安慰者。

为此，我们要做到：

1.把命令改为商量，听听孩子的意见

在很多问题上，父母不要太过武断，也不要替孩子做决策，而应该先询问孩子的意见，"你是怎么认为的呢？你打算如何处理呢？你打算什么时候开始做呢？"这就表示了我们对孩子的尊重。在了解了孩子的想法后，如果有些部分不正确，那么我们再以研究和探讨的语气与之商量："我能理解你的想法，但我们还要考虑这件事的可行性，不是吗……你认为妈妈的意见对吗？"

孩子是聪明的，有判断力的。如果你的话有道理，孩子也是会采纳你的建议的。同时，交流会越来越多，亲子关系更好。

再比如，孩子想周末去朋友家玩，你可以和孩子商量，让其和更多的孩子交往，但一定要讲究原则，比如你去的地方要告知家长，什么时候回，都有哪些人，玩多长时间。如果孩子要求在朋友家住，你要告诉孩子不行，如果晚了，爸爸妈妈可以去接你，那样爸爸妈妈不会担心。支持他，同时也告知不能破坏原则。给孩子一个空间，让他自己去体验，去成长。家长永远是孩子的后盾，是支持者和帮助者，这样才不会让孩子离自己越来越远，才会让孩子幸福快乐地成长。

以商量的方式去解决问题，即使商量失败，但感情氛围会增强，有利于以后问题的沟通。家长经常犯的错误是，当前问题不但没解决，还破坏了感情气氛，阻断了感情沟通，失去今后问题解决的机会。

2.允许孩子犯错、吃点亏

这个阶段正是孩子形成主见的关键时期，小错肯定难免。所以，家长应该允许孩子犯点错、吃点亏，不要过分束缚孩子的手脚。

例如，如果你的儿子"要风度不要温度"，寒冬腊月坚决不穿毛衣，如果商谈没成功，不用着急，让他挨一次冻也没关系，真感冒了，他会明白你的意图，至少以后会考虑你的意见。

总之，对于青春期的孩子，支持要比压制好，商量要比命令好。另外，只要孩子的想法合理，就要给以全力的支持！

当孩子有了心事，我们要耐心倾听

随着现代社会生活步伐的提速、竞争压力的加大，家长为了能给孩子一个优越的生活环境，常常由于工作忙碌而忽视了与孩子多沟通，陪孩子一起成长。父母是孩子的第一任老师，也是孩子接触时间最长的朋友。在孩子成长的过程中，最需要的就是父母的关心，最愿意与之交流的也是父母，尤其是在孩子进入青春期以后，这种交流更为需要。因为这期间，孩子的自我意识加强，渴望脱离父母的束缚，如果缺少父母的理解，那么亲子关系就会越发紧张，甚至对孩子的成长产生不利影响。

可见，父母不愿倾听、不愿理解孩子的最终结果可能是失去了"倾听"的机会。常有家长这样抱怨：真不知道我家孩子是怎么想的，总是不肯好好听我说话。对此，父母应该反问自己：作为家长，你有没有听过孩子说话？我们把大量的时间用来批评和教育孩子，却忽略了倾听。父母应该做的不仅是为孩子提供良好的物质生活环境，同时，应该去倾听孩子的内心，让彼此间的心灵更为亲近。

小强上了初中以后，变得越来越不听话了，经常在学校惹事，他的爸爸也经常被老师请去，这不，小强又在学校打架了。回家后，爸爸并没有训斥孩子，而是心平气和地把孩子叫到身边。

"我知道，老师肯定又把你请去了，我今天是少不了一顿打。"儿子先开了口。

"不，我不会打你，你都这么大了，再说，我为什么要打你呢？"爸爸反问道。

"我在学校打架，给你丢脸了呀。"

"我相信你不是无缘无故打架的，对方肯定也有做得不对的地方，是吗？"

"是的，我很生气。"

"那你能告诉爸爸为什么和人打起来吗？"

"他们都知道你和妈妈离婚了，然后就在背地里取笑我，今天，正好被我撞上了，我就让他们道歉，可是，他们反倒说得更厉害了，我一气之下就和他们打了起来。"儿子解释道。

"都是爸爸的错，爸爸错怪你了，以后别的同学那些闲言闲语你不要听，努力学习，学习成绩好了，就没人敢轻视你了，知道吗？"

"我知道了，爸爸，谢谢你的理解。"

可以说，小强的爸爸是个懂得理解与倾听孩子心声的好爸爸，孩子犯了错，他并没有选择粗暴地责问、无情地惩罚，而是选择了倾听。倾听之中，表达了对孩子的理解，让孩子感受到了爱、宽容、耐心和激励。试想，如果他在被老师请去学校以后就大发雷霆，不问青红皂白地将孩子打骂一顿，结果会是怎样呢？结果可能是父子之间的距离越来越远，孩子的叛逆行为也可能越来越明显。但现实生活中，这样的家长又有多少呢？

为此，教育心理学家建议我们父母这样做：

1. 放下父母的架子，平等地与孩子沟通

生活中，很多孩子说："每次，我想跟爸妈谈谈心，刚开始还能好好说话，可是爸妈似乎都是以教训的口气跟我说话，我还没说完，他们就开始以父母的身份来教育我了，我真受不了。"其实，这些家长就是不懂得如何倾听，倾听的首要前提就是要和孩子平等地对话，这才能达到双向交流的作用。和孩子发生矛盾在所难免，但要等孩子把话说完，再提出解决的办法，这样才会让孩子感受到尊重。

作为父母，一定要放下架子，主动与孩子交流，然后认真倾听，只有让孩子体会到家长对自己的尊重，孩子才能更加信任家长，达到和家长以心换心、以长为友的程度。在这种条件下，孩子对家长完全消除隔膜、敞开心扉，交流的过程将成为一种非常美好的享受。

2.摒弃成见，孩子的想法未必不正确

作为大人，很多时候会认为孩子的想法是不对的，甚至是不符合常规的，抱着这样的心态，在倾听孩子说话的时候，会有一种先入为主的想法，会把孩子的话摆在一个"幼稚可笑"的立场，孩子自然得不到理解。其实孩子也是人，孩子也有一颗丰富的心灵，我们要特别注意倾听他们的心声。

3.善用"停、看、听"三部曲

当孩子产生一些不良情绪时候，做父母的就要察觉出来，然后主动接触孩子，运用"停、看、听"三部曲来完成亲子沟通这个乐章，"停"是暂时放下正在做的事情，注视对方，给孩子表达的时间和空间；"看"是仔细观察孩子的脸部表情、手势和其他肢体动作等非语言的行为；"听"是专心倾听孩子说什么、说话的语气声调，同时以简短的语句反馈给孩子。

可能你的孩子做得不对，但作为家长，不要急于批评孩子，应该在倾听之后，对孩子表达你的理解，在孩子接纳你、信任你之后，你再以柔和坚定的态度和孩子商讨解决之道，从而激励孩子反省自己，帮助他从错误中学习成长。

其实，每一个孩子尤其是青春期的孩子都希望得到父母的理解，因此，从现在起，每天哪怕是抽出2小时、1小时，甚至是30分钟都好，做孩子的听众和朋友，倾听孩子心中的想法，忧其所忧，乐其所乐，当孩子有安全感或信任感时，就会向其信任的成年人诉说内心的秘密。这样，才有可能经常倾听到孩子的心灵之音，你的孩子才会在你的爱中不断健康地成长，快乐地度过青春期！

叛逆期的孩子总是想学坏，怎么办

曾有个这样的新闻，某中学有个品学兼优的好学生离家出走了，他并没有什么不良记录，老师们还总把他当成骄傲，同学朋友更是以他为榜样。

在找寻未果的情况下，他的父母不得不报警，半个月后，警察在邻城的一个网吧找到了他，当父母看到自己的儿子后，完全不敢相信自己的眼睛，以前那个很乖的儿子现在俨然是一个邋遢的社会小混混：一头红色的头发、一身嘻哈风格的衣服，好像很久没有洗澡的样子，警察劝他回家，他却说："我终于解脱了，做坏孩子比做好孩子轻松得多。"听到这些话，他的父母觉得很诧异，这是自己引以为傲的儿子吗？终于，在警察的劝导下，他吞吞吐吐地道出了自己的苦楚："无论我考得多么好，无论我怎么努力，你和爸爸总是板着个脸，我每天看书到深夜，你知道我有多么害怕，我害怕我下次考试要是考不好怎么办？我很无助，我甚至想去一个你们永远也找不到的地方，一个没有考试的地方。"

其实，每个孩子都想成为同龄人中的佼佼者，成为爸妈、老师的骄傲，可事实上，不是每个孩子都能做到，他们感到自己被人忽视了，干脆沉沦堕落；也有一些孩子，成绩优秀，但每一次优秀成绩的取得，都是经历了心灵的煎熬，正因为他们备受瞩目，所以他们很累，于是，想放纵的想法就在心里蠢蠢欲动；他们更羡慕那些不用考试、不用面对老师和家长严肃面孔的同学。很快，他们尝试着抛开一切，放松学习，放纵自己。

我们还可以发现，在校园里，很多孩子尤其羡慕那些故意和老师作对、欺负低年级孩子的同学，他们认为，这样的同学更容易得到周围人的尊重和认可，因此，这种行为就会被争相效仿。然而，如果父母不对孩子的行为加以引导和控制，势必会对孩子的成长造成恶劣影响。

步入青春期的孩子，精力充沛，思维敏捷，记忆力强，情感丰富，但由于青少年时期是身心健康趋于定型的时期，是走向成年的过渡阶段，亦是性意识萌发和发展的时期，他们的心理发展和生理发育往往不同步，具有半成熟、半幼稚、叛逆等特点。因而，在他们心理素质发展的关键阶段，父母要尤其重视，对不良行为的孩子既不能生硬批评，引发他们的叛逆情绪，也不能任其发展，让他们走入歧途。

1.细心观察，防患于未然

日常生活中，我们一定要随时观察孩子的思想动向，如果孩子的零花钱突然多了，孩子的脸上出现了一些瘀伤等，我们一定要引起重视，因为这意味着你的孩子可能打架或者偷东西了。然后，我们要仔细排查可能出现的情况，不管运用什么方法，其目的只有一个：动之以情，使他自己露出破绽，承认错误，但不能伤害他们的自尊心，如果事态的发展允许对他们的错误行为进行保密，那么，一定要坚守诺言。

2.孩子做了坏事，决不能打骂

孩子做了些"坏事"，并不代表孩子就是真的"坏孩子"，更不能给孩子贴标签，但是决不能放任不管。

为此，我们在确信自己的孩子做了一些"坏事"之后，首先要帮助孩子将事情的影响化到最小。有的家长认为只有"打"才是改正"偷窃"行为的最好对策。其实错了，打得厉害、疏远了父母与孩子之间的感情，他会感到更孤独，得不到家庭的温暖，甚至不敢回家，流浪在外，最后走入歧途，甚至会触犯法律受到制裁。

3.将是非观念和道德观贯穿到日常教育中

虽然青春期的孩子已经有了是非观念，但很容易受到影响甚至改变。因此，作为父母，我们一定要经常对孩子进行一些是非观念的培养。必须让孩子了解这种行为是家长不允许的，也不容许同样的事再次发生。对这类孩子进行矫治，必须先从帮助他们形成正确的是非观念，增强是非感开始。要做到这一点，必须从他们现有的实际认识水平出发，逐步提高，通过反复教育，培养孩子的是非观，增强改邪归正的决心。

总之，叛逆的青春期孩子，可能经常会出现想做"坏孩子"的冲动，或者做了某些"坏事"，对此家长切不可急躁，既要批评，又要耐心说服，使孩子受到震动，感到内疚，才会自觉改正！

青春期的孩子总是顶嘴，请耐心引导

在很多有孩子的家庭里，可能父母们都有这样的感触：孩子到了青春期，最大的变化莫过于顶嘴了，好像你说什么他都要反驳。面对孩子这样的变化，一些父母开始焦躁起来，他们企图通过提高音量来命令和呵斥孩子，但其实这样的方法根本不奏效。其实作为父母，我们要知道，孩子的青春期来得猛烈，他们自身也猝不及防，此时更需要我们父母的耐心指导，孩子顶嘴，其实是他们企图脱离父母怀抱、渴望独立的表现，如果我们比他们还焦躁，很容易让亲子间的沟通陷入僵局。

在某中学的一次家长会上,很多家长纷纷提出,孩子到了初中后脾气就变坏了,父母的话根本听不进去,甚至还公然和父母顶嘴。

"孩子13岁,年前还是个很听话的孩子,过完春节就不行了,学习成绩急剧下降,偷着上网吧,跟不好的孩子玩,作业也不做。我现在处处监督他,可是越管越不听,特逆反,老跟我顶嘴,和我对着干。求他也不是,骂他打他也不是。我没招了!"

"孩子上小学时很懂事乖巧,叫他做什么就做什么。自从上了初中就跟变了一个人似的,老说我唠叨,多说一句就厌烦我,摔门走开。我为他做了这么多,还不领情!"

这样的场景,或许很多家长都遇到过。我们会发现,孩子到了青春期后,好像总是故意和自己作对似的。很多父母感叹:"我让他往东,他就是往西。""我说的话,他就没有听过。"的确,青春期的孩子常常会产生逆反心理。逆反心理是一种心理状态,表现为个体在维护自尊的过程中,对他人提出的要求或建议采取相反的态度和言行。

其实,作为父母,我们自身也应该反思,你理解你的孩子吗?你有真正聆听过他的想法吗?很多时候,叛逆的青春期孩子并没有太大的事情,他们只是想找个倾诉的人而已,把内心的烦躁说出来。

因此,我们一定要理解孩子,去用心感受孩子成长的变化,来合理地引导孩子。我们不要以为以前的教育方式就是很正确的,那是因为孩子还太小,处于弱势,没有拒绝的权利和抗拒的能力。而到了青春期,孩子就敢于对家长说"不",敢于"抗旨",而家长也开始变得困惑、生气、抱怨、伤心……

那么,对于孩子顶嘴的问题,我们该如何解决呢?

1.给彼此五分钟冷静的时间

任何教育方法的前提都需要我们父母能够控制住自己的情绪。在气头上的父母，怎么会有能力、有智慧运用良好的方法呢？

"五分钟后再继续谈。"面对孩子的事情，给自己留五分钟的冷静时间，冷静下来，你会发现其实没什么大不了。孩子走进青春期，需要父母用耳朵、用心去倾听孩子，理解孩子。

2.适度让步

让步可以表明你欣赏孩子的成熟，并且意识到他对更多自由和自主的需求。

这里，我们需要明白两点：

（1）可以商量的：对于那些不影响学习、不涉及孩子的生活质量和生活习惯的，就是可以商榷的，比如，睡觉时间、发型、衣服的样式，这些可以商榷，并达成协议。

（2）不可以商量、妥协的：不符合以上原则的，也就是不能商榷的，比如，孩子不做作业、抽烟喝酒等，就绝不能妥协。对此，即使他与你争吵，你也不必害怕破坏与孩子间的关系而一味妥协让步，需要通过规定限度与制定标准来规范孩子的行为。

事实上，即使父母们的规矩不多，他们也不会得到青春期孩子的"较高评价"。父母可以通过交流与让步避免强烈的冲突，但是必须制定一些标准，这是让孩子学会自律的主要方式之一。

3.在某些问题上达成一致意见，形成契约

父母与孩子之间的冲突，都是因为在某些问题上没达成一致意见，于是，孩子还是继续挑战父母的极限，他高举着"我青春期了，我要……"的大旗：明明规定的是20：30之前回家，但是最近孩子总是频频违规，早则21点，晚则22点以后。面对这样的孩子，你会怎样做？

对此，我们可以采用契约法：

"契约教育法"的秘诀就在于：孩子的行为一旦约定俗成，家长就不用三令五申，照章考核孩子的行为就行了。它可以帮助孩子自我观察，建立良好行为，父母省去了许多说教，亲子之间的情绪冲突大大减少，孩子也会因此学会自主管理。

总之，如果青春期的孩子总是顶嘴，我们就要做出教育方法上的调整，尤其是在沟通的问题上，要做到耐心对待，支持要比压制好，商量要比命令好。另外，只要孩子的想法合理，就要给以全力的支持，这样能让孩子在体验中成长。

参考文献

[1] 张锦庭.孩子成长的关键期[M].广州：华南理工大学出版社，2017.

[2] 张振鹏.与孩子有效沟通的100个好方法[M].北京：金盾出版社，2010.

[3] 岳贤伦.抓住孩子成长的8大关键期：0-3岁教育方案[M].北京：北京工业大学出版社，2009.

[4] 朱美霖.与孩子沟通就这么简单[M].北京：经济管理出版社，2015.